HISTÓRIA E GEOGRAFIA

MARCHA CRIANÇA

5º ANO

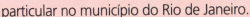

Maria Teresa Marsico

Professora graduada em Letras pela Universidade Federal do Rio de Janeiro (UFRJ) e em Pedagogia pela Sociedade Unificada de Ensino Superior Augusto Motta. Atuou por mais de trinta anos como professora de Educação Infantil e Ensino Fundamental das redes municipal e particular no município do Rio de Janeiro.

Maria Elisabete Martins Antunes

Professora graduada em Letras pela Universidade Federal do Rio de Janeiro (UFRJ). Atuou durante trinta anos como professora titular em turmas do 1º ao 5º ano na rede municipal de ensino do Rio de Janeiro.

Armando Coelho de Carvalho Neto

Atua desde 1981 com alunos e professores das redes oficial e particular de ensino do Rio de Janeiro. Desenvolve pesquisas e estudos sobre metodologias e teorias modernas de aprendizado. É autor de obras didáticas para Ensino Fundamental e Educação Infantil desde 1993.

Agora você também consegue acessar o *site* exclusivo da **Coleção Marcha Criança** por meio deste QR code.

Basta fazer o *download* de um leitor QR code e posicionar a câmera de seu celular ou *tablet* como se fosse fotografar a imagem acima.

editora scipione

editora scipione

Diretoria de conteúdo e inovação pedagógica
Mário Ghio Júnior

Diretoria editorial
Lidiane Vivaldini Olo

Gerência editorial
Luiz Tonolli

Editoria de Anos Iniciais
Tatiany Telles Renó

Edição
Daniella Almeida Barroso (Boreal Edições)

Arte
Ricardo de Gan Braga (superv.),
Andréa Dellamagna (coord. de criação),
Gláucia Correa Koller (progr. visual de capa e miolo),
Yong Lee Kim (editor de arte) e
Casa de Tipos (diagram.)

Revisão
Hélia de Jesus Gonsaga (ger.), Rosângela Muricy (coord.),
Ana Curci e Heloísa Schiavo (prep.),
Gabriela Macedo de Andrade, Luís Maurício Boa Nova,
Vanessa de Paula Santos e Brenda Morais (estag.)

Iconografia
Sílvio Kligin (superv.), Denise Duran Kremer (pesquisa),
Cesar Wolf e Fernanda Crevin (tratamento de imagem)

Ilustrações
ArtefatoZ (capa), Ilustra Cartoon, Luiz Iria, Luis Moura,
Douglas Galindo, Fabio Sgroi, Osni de Oliveira
e Cícero Soares

Cartografia
Eric Fuzii, Marcelo Seiji Hirata, Marcio Souza,
Robson Rosendo da Rocha, Allmaps e DACOSTA MAPAS

Direitos desta edição cedidos à Editora Scipione S.A.
Avenida das Nações Unidas, 7221, 3º andar, Setor D
Pinheiros – São Paulo – SP – CEP 05425-902
Tel.: 4003-3061
www.scipione.com.br / atendimento@scipione.com.br

Dados Internacionais de Catalogação na Publicação (CIP)
(Câmara Brasileira do Livro, SP, Brasil)

Marsico, Maria Teresa
Marcha criança : história e geografia, 5º ano :
ensino fundamental / Maria Teresa Marsico, Maria
Elisabete Martins Antunes, Armando Coelho de
Carvalho Neto. -- 13. ed. – São Paulo : Scipione, 2015. –
(Coleção marcha criança)

Bibliografia.

1. Geografia (Ensino fundamental) 2. História
(Ensino fundamental) I. Antunes, Maria Elisabete Martins.
II. Carvalho Neto, Armando Coelho de. III. Título. IV. Série.

15-02858   CDD-372.89

Índice para catálogo sistemático:
1. História e geografia : Ensino fundamental   372.89

2017
ISBN 978 85 262 95681 (AL)
ISBN 978 85 262 95674 (PR)
Cód. da obra CL 738990
CAE 541 863 (AL) / 541 881 (PR)
13ª edição
3ª impressão

Impressão e acabamento
Bercrom Gráfica e Editora

Os textos sem referência
são de autoria de Teresa Marsico
e Armando Coelho.

Apresentação

Querido aluno, querida aluna,

Preparamos este livro com muito carinho especialmente para você. Ele está repleto de situações e atividades motivadoras, que certamente despertarão seu interesse e lhe proporcionarão muitas descobertas. Esperamos que com ele você encontre satisfação no constante desafio de aprender!

Ao final de cada Unidade apresentamos a seção **Ideias em ação**. Nela, você e seus colegas colocarão em prática alguns dos conhecimentos adquiridos no decorrer de seus estudos.

Além disso, como novidade, temos a seção **O tema é...**, trazendo para você temas para discutir, opinar e conhecer mais. De modo envolvente, essa seção preparará você e seus colegas para compreender melhor o mundo em que vivemos.

Crie, opine, participe, aprenda e colabore para fazer um mundo melhor. E lembre-se sempre de compartilhar seus conhecimentos com todos a sua volta.

Bons estudos e um forte abraço,

Maria Teresa, Maria Elisabete e Armando

Conheça seu livro

Este livro está dividido em duas partes: uma de História e outra de Geografia. Veja a seguir como o seu livro está organizado em cada uma dessas partes.

Unidade

Seu livro está organizado em quatro Unidades de História e quatro de Geografia. As aberturas são em páginas duplas. Em **Vamos conversar?** você e seus colegas discutem algumas questões e conversam sobre a imagem de abertura. Em **O que vou estudar?** você encontra um resumo do que vai aprender em cada Unidade.

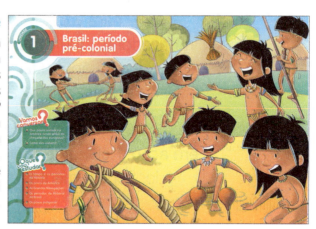

Atividades

Momento de aplicar o conhecimento na prática por meio de atividades diversificadas.

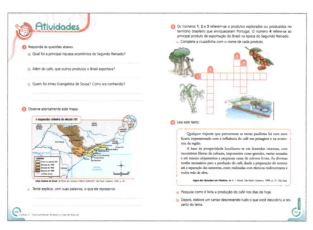

Saiba mais

Seção com curiosidades ou informações mais detalhadas sobre alguns temas relativos às disciplinas de História ou Geografia.

O tema é...

Seção que traz temas para você discutir, opinar e aprender mais!

Ideias em ação

Esta seção encerra a Unidade. Nela, você faz experimentos e constrói objetos, seguindo algumas etapas.

Sugestões para o aluno

Seleção de livros para complementar seus estudos e ampliar seus conhecimentos.

Glossário

Para facilitar o entendimento, você encontra o significado de algumas palavras no final do livro. Essas palavras aparecem destacadas no texto.

Materiais de apoio

Caderno de criatividade e alegria

Material no final do livro que explora os conteúdos de História e Geografia de forma lúdica e criativa.

Caderno de mapas

Material avulso no qual você aprende mais sobre os mapas e outras representações cartográficas.

Página ✚

No final do livro, você encontra uma página especial ilustrada, que destaca alguns dos assuntos explorados no livro.

Quando você encontrar estes ícones, fique atento!

  atividade oral

  atividade no caderno

  atividade em grupo

  Este ícone indica objetos educacionais digitais (OEDs) relacionados aos conteúdos do livro. Acesse: <www.marchacrianca.com.br>.

Sumário geral

Este livro está dividido em duas disciplinas:

• HISTÓRIA

GEOGRAFIA •

HISTÓRIA

Sumário

Other Images/National Maritime Museum, Greenwich, Londres.

Antonio Scorza/Shutterstock/Glow Images

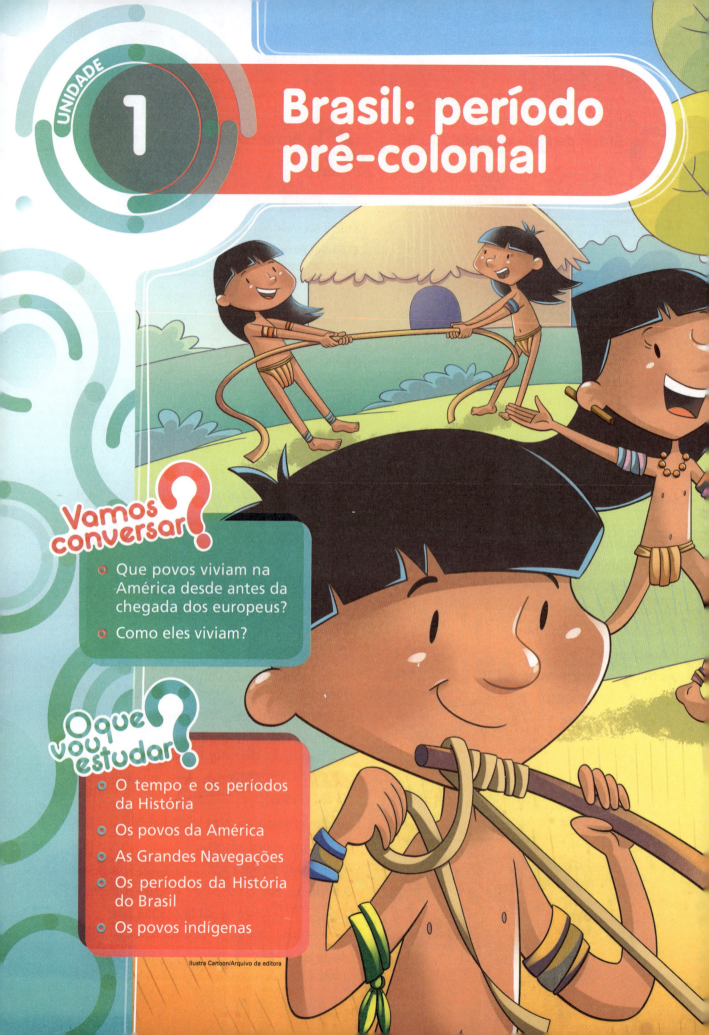

UNIDADE

1

Brasil: período pré-colonial

Vamos conversar?

- Que povos viviam na América desde antes da chegada dos europeus?
- Como eles viviam?

O que vou estudar?

- O tempo e os períodos da História
- Os povos da América
- As Grandes Navegações
- Os períodos da História do Brasil
- Os povos indígenas

Ilustra Cartoon/Arquivo da editora

O tempo na História

Ao buscar conhecer o modo de vida, os costumes e o que aconteceu em outras épocas, você está estudando História.

Estudar História é importante para que possamos conhecer o passado e, assim, entender melhor o presente.

Observe as imagens, leia as legendas abaixo e descubra qual é o ==fato histórico== que cada imagem representa e a época em que cada um deles aconteceu.

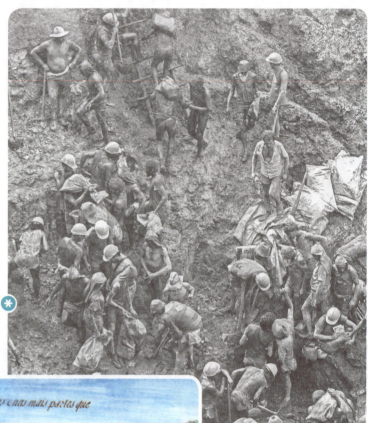

Garimpo de ouro em ✳ Serra Pelada (PA), 1986.

Juca Martins/Olhar Imagem

Reprodução/Instituto de Estudos Brasileiros, USP

✳ **Modo como se extrai o ouro no rio das Velhas e nas mais partes em que há rios**, aquarela de autor não identificado. Nesta imagem é representada a exploração de ouro no Brasil, no século XVIII, feita por negros escravizados.

● Décadas, séculos e milênios

Ao falar de um **fato histórico**, citamos quando ele ocorreu. Sabendo o ano, podemos determinar a que século o fato pertence.

Para escrever os séculos, geralmente usamos algarismos romanos.

Para melhor situar os fatos no tempo, além do **dia**, **mês** e **ano**, que aparecem nos calendários, podemos utilizar outras medidas de tempo.

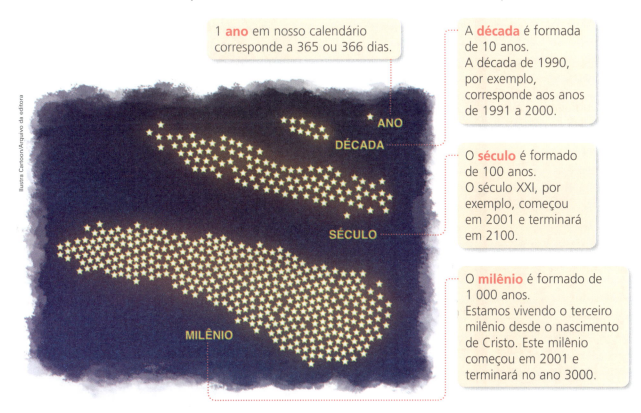

1 **ano** em nosso calendário corresponde a 365 ou 366 dias.

A **década** é formada de 10 anos.
A década de 1990, por exemplo, corresponde aos anos de 1991 a 2000.

O **século** é formado de 100 anos.
O século XXI, por exemplo, começou em 2001 e terminará em 2100.

O **milênio** é formado de 1 000 anos.
Estamos vivendo o terceiro milênio desde o nascimento de Cristo. Este milênio começou em 2001 e terminará no ano 3000.

ANO
DÉCADA
SÉCULO
MILÊNIO

Ilustra Cartoon/Arquivo da editora

Como saber o século

Para saber a que século um ano pertence, utilize as seguintes regras:

- o Se o ano terminar em 00, basta tirar os dois zeros e tem-se o século.

Exemplos:

1500 ➜ século XV

1800 ➜ século XVIII

- o Se o ano não terminar em 00, basta tirar os dois últimos algarismos e somar 1 ao número que resta.

Exemplos:

758 ➜ 7 + 1 = 8 ➜ século VIII

1993 ➜ 19 + 1 = 20 ➜ século XX

● Linha do tempo

Para localizar os fatos ao longo do tempo e registrar a ordem em que eles aconteceram, utiliza-se a **linha do tempo**. As linhas do tempo podem se referir ao histórico de pessoas, lugares, países ou até mesmo de ideias. Esta é a linha do tempo da vida de um menino chamado Marcos:

2003
Marcos nasceu.

2004
Falou sua primeira palavra.

DADÁ

2009
Entrou no 1º ano.

2010
Caiu o seu primeiro dente.

2015
Este é Marcos hoje!

Ilustrações: Ilustra Cartoon/Arquivo da editora

Atividades

1 Em que ano começam e terminam os séculos abaixo? Complete o quadro.

Século	Começa em	Termina em
XV		
I		
XX		
XXI		

2 Agora, complete as frases:

a) Eu nasci no ano de ....

b) Meu nascimento ocorreu no século ....

3 A que século pertencem os anos abaixo?

Ano	1900	1850	1950	1715	1300	768	400	1655
Século								

4 Observe os retratos abaixo com as fotos de diferentes pessoas. Ligue-os à data de nascimento correspondente a cada pessoa.

2005   1975   1954   1998

Unidade 1

Os períodos da História

● O surgimento do ser humano

Fazemos parte da espécie humana, que resulta de um processo de evolução que começou há milhões de anos. Leia o texto abaixo.

> A espécie humana, chamada cientificamente de *Homo sapiens sapiens*, é fruto de uma longa evolução que parece ter se iniciado na África [...]. A partir daí, os homens se espalharam pela Terra, adaptando-se aos mais variados ambientes.
>
> **Aprendendo História e Geografia**, de César Coll e Ana Teberosky. São Paulo: Ática, 2000.

Durante a evolução, algumas características físicas mudaram bastante, como a estatura, o volume do cérebro e a postura. Observe:

Ilustrações e fotos: SPL/Latinstock

✱ Australopithecus afarensis (4 milhões de anos). Andava sobre duas pernas, mas possuía braços longos para subir em árvores.

✱ Homo habilis (2,5 milhões de anos). Suas mãos tinham capacidade para manipular objetos com mais precisão.

✱ Homo erectus (1,9 milhão de anos). Sua caixa craniana já tinha um tamanho mais próximo ao da caixa craniana do homem moderno.

✱ Homo neanderthalensis (200 mil anos). Baixo e atarracado, era bem-adaptado para viver em regiões muito frias.

✱ Homo sapiens (50 mil anos). Há cerca de 30 mil anos, ele predominaria definitivamente sobre os neandertais.

Atlas histórico: geral e Brasil, de Cláudio Vicentino. São Paulo: Scipione, 2011. p. 13-14.

● Antes da escrita

Para estudar o período anterior ao surgimento da escrita, há aproximadamente 6 mil anos, os cientistas baseiam-se em diferentes registros, como pinturas, ferramentas, utensílios e restos de alimentos.

Os desenhos feitos nas rochas das cavernas geralmente eram figuras de animais, homens e crianças, além de representações de objetos, como lanças e facas. Esses primeiros registros foram o primeiro passo para a escrita.

AKG/Latinstock

❋ Pintura rupestre representando tropas de animais em caverna em Lascaux (França). Elas foram feitas cerca do ano 1500 a.C.

Durante esse período, a pedra foi um material muito usado para a confecção de objetos. Ao longo do tempo, os primeiros grupos humanos passaram a fabricar armas, ferramentas e utensílios mais aperfeiçoados, como lanças com pontas de pedra lascada.

SPL/Latinstock

Armas feitas com pedras de ❋ 8 000 a 10 000 anos atrás.

● Depois da escrita

Para facilitar os estudos, o período posterior à escrita é dividido, por alguns cientistas, em quatro outros grandes períodos: Idade Antiga, Idade Média, Idade Moderna e Idade Contemporânea.

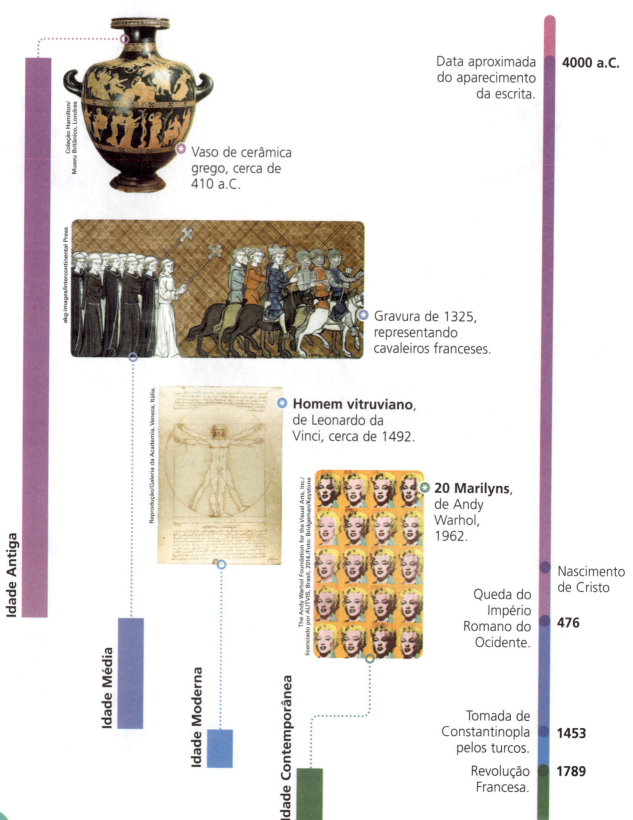

Data aproximada do aparecimento da escrita.

4000 a.C.

Coleção Hamilton/ Museu Britânico, Londres

❋ Vaso de cerâmica grego, cerca de 410 a.C.

akg-images/Intercontinental Press

❋ Gravura de 1325, representando cavaleiros franceses.

Reprodução/Galeria da Academia, Veneza, Itália.

❋ **Homem vitruviano**, de Leonardo da Vinci, cerca de 1492.

The Andy Warhol Foundation for the Visual Arts, Inc./ licenciado por AUTVIS, Brasil, 2014./Foto: Bridgeman/Keystone

❋ **20 Marilyns**, de Andy Warhol, 1962.

Idade Antiga

Idade Média

Idade Moderna

Idade Contemporânea

Nascimento de Cristo

Queda do Império Romano do Ocidente.

476

Tomada de Constantinopla pelos turcos.

1453

Revolução Francesa.

1789

Atividades

1 Leia o texto e responda às questões.

> Segundo Gordon Childe, um grande especialista na história dos primeiros homens e mulheres da Terra, "o homem destacou-se entre todos os animais porque continuamente desenvolveu meios para sua sobrevivência. Em outras palavras, o homem adaptou-se ao meio ambiente e também submeteu esse meio às suas próprias necessidades". Uma característica fundamental garantiu-lhe essa distinção: a capacidade de extrair utensílios do ambiente em que vivia, por meio do trabalho – atividade que transforma coisas naturais (pedras, ossos, fibras, madeira, couro) em flechas, anzóis, agulhas, roupas.
>
> **Enciclopédia Ilustrada de Pesquisa Conhecer**. São Paulo: Nova Cultural, 2000. (Texto adaptado).

a) Segundo o texto, por que o ser humano se destacou entre todos os animais?

....

....

....

b) Explique com suas palavras o que você entendeu por "o homem adaptou-se ao meio ambiente e também submeteu esse meio às suas próprias necessidades".

....

....

2 Com a invenção da escrita, o ser humano pôde registrar sua própria história e preservar a memória.

- Você também pode contar sua própria história! Registre, no caderno, alguns fatos significativos de sua vida numa linha do tempo, na ordem em que aconteceram.

O povoamento das Américas

Muito antes da chegada dos conquistadores europeus ao continente americano, essas terras eram habitadas por diversos povos que, entre eles, apresentavam muitas diferenças sociais e culturais.

O termo "ameríndios" é utilizado para denominar esses povos nativos da América. Eles foram os primeiros seres humanos a ocupar o continente, desde cerca de 40 000 a.C.

Há algumas controvérsias quanto à chegada e permanência dessas populações no continente americano. Alguns cientistas acreditam que eles chegaram à América pelo norte, vindos da Ásia, atravessando o estreito de Bering (entre os territórios que hoje pertencem à Rússia e ao Alasca, nos Estados Unidos). Também há estudiosos que estimam que os primeiros humanos chegaram aqui, neste continente, atravessando o oceano Pacífico.

Calendário asteca datado de 1479.

Esses primeiros grupos se deslocaram pelo continente ao longo de gerações e gerações. Por esse motivo, foram surgindo culturas diferentes e únicas. Durante a migração, alguns grupos se separavam dos que seguiam viagem e, no local onde ficavam, desenvolviam uma sociedade. Foi assim que surgiram os povos que você pode observar no mapa da página seguinte.

Nas terras que hoje formam o Brasil, os povos eram divididos em várias sociedades e grande parte deles vivia da caça e da agricultura de milho, amendoim, feijão, abóbora, batata-doce e, principalmente, mandioca. O que era cultivado era consumido, não havia excedentes.

APACHES
(América do Norte)
Retrato de Gerônimo, conhecido líder
do povo apache (cerca de 1907).

Warren Mack Oliver/
Library of Congress

América: principais grupos ameríndios

80° O

INUÍTES

Círculo Polar Ártico

NA-DENE   INUÍTES

CREE

WAKASH   CREE

SIOUX   IROQUESES

SHOSHONI

APACHES

ASTECAS

MAIAS

OCEANO
ATLÂNTICO

Trópico de Câncer

CHIBCHAS

ARUAK   KARIB

Equador

OCEANO
PACÍFICO

TUPI

INCAS   JÊ

Trópico de Capricórnio

GUARANI

ARAUCANOS

N
O   L
S

0   980   1 960
km

Allmaps/Arquivo da editora

Atlas histórico básico, de José
Jobson de A. Arruda. 17. ed. São
Paulo: Ática, 2001. p. 21.

British Museum London/Werner Forman Archive/Glow Images

ASTECAS
(América do Norte)
Escultura de
Xochipilli, deus
asteca da música
e da dança.

MAIAS
(América Central)
Estátua de
sacerdote maia
em roupas de
cerimonial.

Boltin Picture Library/Bridgeman/Keystone

INCAS
(América do Sul)
Artefato inca
feito de cerâmica.

Werner Forman/AKG/Latinstock

GUARANIS
(América do Sul)
Índia guarani em traje
ocidental, aquarela de
Jean-Baptiste Debret.

Reprodução/Fundação Biblioteca
Nacional, Rio de Janeiro, RJ.

Os povos indígenas brasileiros

Ao chegar às terras que hoje formam o Brasil, em 1500, os portugueses fizeram contato com os povos que habitavam o litoral.

Naquela época, estima-se que havia cerca de 5 milhões de indígenas nessas terras. Atualmente a população indígena está em torno de 460 mil indivíduos.

Os povos indígenas dividiam-se em quatro grandes grupos linguísticos: Tupi-Guarani, Jê ou Tapuia, Aruak e Karib. Cada grupo estava dividido em grupos menores, com costumes, língua e hábitos muito variados. Calcula-se que havia cerca de 1 300 línguas diferentes!

Quase todo o litoral brasileiro era habitado por povos do tronco Tupi-Guarani. Por isso, foi com eles que os portugueses tiveram mais contato ao chegar à América.

Aldeia indígena fortificada, gravura de Theodore de Bry, 1591.

Como viviam os diferentes povos indígenas

Entre os diferentes povos indígenas era comum a **divisão de trabalho** de acordo com o sexo e a idade. Nas comunidades, todos trabalhavam: homens, mulheres e crianças. Os homens caçavam, pescavam, fabricavam objetos – como o arco, a flecha e o tacape – e construíam as residências e as canoas. As mulheres cuidavam das crianças, cozinhavam, plantavam, colhiam, faziam cestos, esteiras, redes e peças de cerâmica. Os meninos aprendiam a caçar e a pescar e as meninas ajudavam nos serviços de casa e na lavoura.

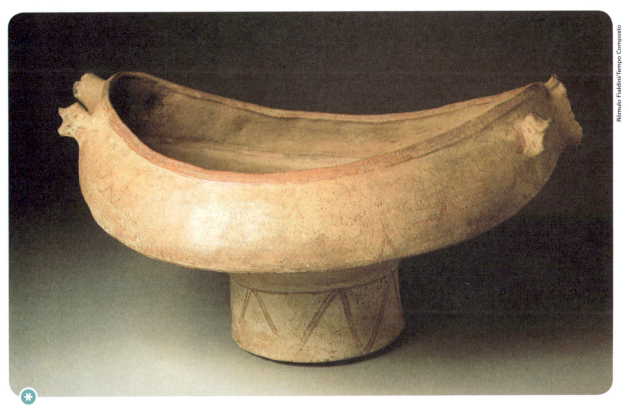

Vaso de cerâmica produzido pelo povo Cunani, que habitava área do atual estado do Amapá. Esse artefato foi encontrado por pesquisadores brasileiros em 1895.

De modo geral, entre os povos indígenas havia respeito pelos mais velhos, o que lhes garantia mais poder político. Cada aldeia tinha um **líder político**, que era aceito pela maioria. Havia ainda um líder religioso, o **pajé**, que era também uma espécie de médico, pois conhecia plantas que curavam doenças.

Nas festas indígenas, cantava-se e dançava-se muito. Havia músicas, danças e rituais para cada ocasião: a guerra, o plantio, a colheita, a caça, o nascimento, o casamento e a morte.

As danças indígenas chamavam-se **poracés**. Os instrumentos musicais eram, entre outros, o **maracá** (chocalho), o **membi** (flauta) e o **guarará** (tambor).

Atividades

1 Como se deu a ocupação do continente americano?

....

....

....

....

2 Como os povos nas florestas tropicais do Brasil se alimentavam?

....

....

3 O professor vai trazer para a sala algumas imagens e textos sobre as sociedades americanas pré-coloniais. Faça um desenho no quadro a seguir mostrando um pouco do cotidiano de uma delas.

4 Faça uma pesquisa sobre a culinária dos povos indígenas brasileiros. Procure saber quais pratos existem na nossa culinária por influência da alimentação indígena. Faça um cartaz com as suas descobertas.

5 Leia o texto a seguir:

Os povos indígenas atualmente

Em relação às estimativas populacionais de 1500, houve uma grande redução da população indígena. Dos cerca de 1 300 povos, existem hoje aproximadamente 200. Eles fazem parte de nações variadas, cada uma com um jeito próprio de viver e com línguas diferentes.

Desde os primeiros contatos com os europeus, os povos indígenas lutaram para defender suas terras de invasores. Apesar de muitos grupos viverem atualmente em reservas (áreas delimitadas e estabelecidas pelo governo para serem ocupadas por um povo indígena), eles ainda têm de lutar para defender seu território. Há fazendeiros, comerciantes de madeira e garimpeiros que não respeitam a demarcação de terras indígenas e as invadem em busca de riquezas, destruindo florestas, envenenando rios e levando doenças aos índios.

Cerimônia de formatura dos primeiros professores indígenas do estado de São Paulo (SP), 2008. A educação indígena é assegurada pela legislação brasileira; as escolas presentes nas terras indígenas, no entanto, têm uma organização adaptada às necessidades de cada nação.

• Será que atualmente os indígenas estão lutando sozinhos pelos seus direitos? Procure informações sobre associações de proteção ao indígena, como a Fundação Nacional do Índio (Funai) e o Conselho Indigenista Missionário (Cimi), e discuta com os colegas sobre o que aprendeu.

Vacinação da população indígena

As versões dos vírus do sarampo, da varíola e da gripe se originaram na Ásia, da domesticação do gado, de camelos e roedores, e de aves e porcos. Mais tarde, essas doenças foram levadas para a Europa pelo Império Romano. Quando os europeus vieram para a América, eles trouxeram essas doenças. Sarampo, varíola e gripe foram as três enfermidades que mataram mais de 50% da população indígena.

Stefan Cunha Ujvari, em entrevista a Bruno Fiuza. **História Viva**. Disponível em: <www2.uol.com.br/historiaviva/reportagens/a_genetica_ajuda_a_esclarecer_o_passado.html>. Acesso em: 30 dez. 2014. (Texto adaptado).

Fabio Sgroi/Arquivo da editora

- Você conhece as doenças citadas no texto: o sarampo, a varíola e a gripe? Você ou alguém próximo já esteve doente por causa de alguma dessas doenças?

- Você sabe como nós nos protegemos dessas doenças?

As vacinas contra sarampo e varíola fazem parte do calendário de vacinação indicado para todas as pessoas. Já a vacina da gripe é indicada para alguns grupos.

No Brasil, desde 2005, maio é o Mês de Vacinação dos Povos Indígenas. Agentes de saúde vão até terras indígenas oferecer gratuitamente vacinas para que a população indígena seja protegida de diversas doenças, entre as quais a gripe.

- Entre a população não indígena, quem tem direito à vacinação gratuita contra a gripe?

- O que justifica a preocupação do governo brasileiro em vacinar a população indígena?

As políticas públicas de vacinação das populações indígenas tentam evitar a mortandade de um grande número de pessoas de um mesmo grupo ao tomar contato com doenças epidemiológicas comuns entre as populações não indígenas.

fotomanX/Shutterstock/Glow Images

Você conhece o Zé Gotinha? Esse personagem foi criado para promover a vacinação contra a poliomielite, uma doença grave que não tem cura, mas pode ser controlada por meio das vacinas.

- O Zé Gotinha pode contribuir para aumentar a proteção de crianças por meio da vacinação? Como?

Doses	Vacinas	Antipólio	D.P.T.	BCG	Sarampo	Hepatite B	Anti-Haemo philus	Dupla	Anti-tetânica	Hepatite A	Varicela			
1º	Data	6/2/02	6/2/02	BCG ID 031 04/01/0 HILRE	12/9/02 MUSS64·5	Engerix 316185 0 10/01/02 HILRE	HAEMOPHILUS B 6/2/02			HEPATITE A 6/2/04	VARICELA 30/12/02	Prevenar 6/2/02	Meningococo C	GRIPE 26/6 NT
	Rubrica	SALK 130893	NY 188893		130893		130893			130893		130893		MAG36 130893
2º	Data	19/4/02 SALK	19/4/02 NY			HEPATITE B 15/3/02	HAEMOPHILUS B 19/4/02			HEPATITE A 13/3/02	Varicela 31/7/09	Prevenar 19/4/02		
	Rubrica	130893	130893 acelular			130893	130893			130893	5282039	130893		
3º	Data	30/6/02 NY	10/6/02 NY		MMR	HEPATITE B 12/9/00	HAEMOPHILUS B 10/6/02					Prevenar 10/6/02		
	Rubrica	130893	130893 acelular			130893	130893					130893		
Reforço	Data	30/6/03 NY	30/6/03 NY		SARAMPO CAXUMBA RUBÉOLA 30/6 03 NY E0016		HAEMOPHILUS B 30/6 03 NY					Prevenar 28/7/03 NY		
	Rubrica	130893	130893 acelular		130893		130893	HPV						
Reforço	Data	26/3/06 OPV	29/3/09 NY		SARAMPO CAXUMBA RUBÉOLA 23/3 03 NY			33/07/14 JO	HPV 01 12/14 Nº 2027461					
	Rubrica		130893 acelular		130893									

- Você já tomou vacinas? Como foi sua experiência?
- Alguém explicou a você por que deveria tomar vacinas? O que explicaram a você?

Capítulo 4

Os europeus e a busca de novos caminhos

No século XV, o comércio de ==especiarias== e de outros produtos com o ==Oriente== (como seda, porcelanas, tapetes e perfumes) era muito lucrativo.

Os habitantes das cidades de Gênova e Veneza, na Europa, dominavam esse comércio, pois controlavam as rotas para o Oriente. Nessa época, as especiarias eram os produtos mais valorizados na Europa.

Para conseguir comprar os produtos da China, da Índia e de outros lugares do Oriente, os italianos precisavam percorrer uma longa rota, de difícil acesso por mar e por terra. Depois, revendiam os produtos na Europa a preços altos.

No mapa a seguir estão indicadas as principais rotas comerciais entre a Europa e o Oriente.

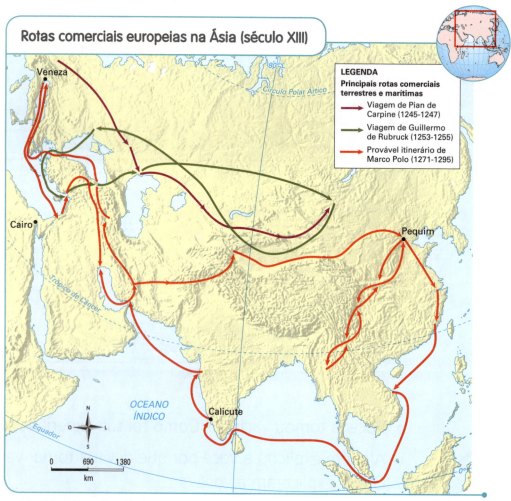

Atlas histórico universal, de W. Devos e R. Geivers. Madrid: Editorial Bruño, 2005. p. 43.

● As Grandes Navegações

Os portugueses tinham bastante experiência de navegação marítima e os espanhóis estavam entusiasmados com os lucros do comércio de especiarias e produtos do Oriente. Começaram então a procurar um caminho para as chamadas Índias pelo oceano Atlântico.

Ao longo do século XV, os governantes de Portugal e depois os da Espanha organizaram diversas expedições marítimas com o intuito de encontrar essa rota.

A intenção era comprar as mercadorias diretamente dos produtores, a preços menores, e acabar com o domínio dos comerciantes italianos. Foi assim que começou o período das **Grandes Navegações**.

Os europeus, que naquela época só conheciam algumas regiões da Terra – a Europa, parte da África e da Ásia –, com as Grandes Navegações chegaram à América no século XV.

Veja a linha do tempo a seguir:

1488 – Bartolomeu Dias

Bridgeman/Keystone

Portugueses, em uma expedição comandada por Bartolomeu Dias (c. 1450-1500), contornam o sul da África.

1492 – Cristóvão Colombo

reprodução/Biblioteca do Congresso, Washington, EUA.

Cristóvão Colombo (1451-1506), navegador genovês no comando de uma expedição espanhola, chega ao continente mais tarde denominado de América.

1498 – Vasco da Gama

Reprodução/Gregório Lopes

Portugueses, em uma expedição comandada por Vasco da Gama (c. 1469-1524), chegam a Calicute, na Índia.

1500 – Pedro Álvares Cabral

Reprodução/Biblioteca Nacional de Portugal, Lisboa.

Portugueses, em uma expedição comandada por Pedro Álvares Cabral (c. 1468-c. 1520), chegam à costa da América do Sul.

Tecnologias que ajudaram as Grandes Navegações

O aperfeiçoamento e a invenção de alguns itens básicos para a navegação também contribuíram para o sucesso das expedições portuguesas e espanholas no século XV.

- A **caravela**, uma embarcação mais leve do que as que já existiam, movimentava-se com o vento e era muito mais rápida.

- A **bússola**, inventada pelos chineses muito tempo antes, permitia uma orientação mais segura e começou a ser usada pelos navegantes em alto-mar.

Caravela portuguesa do século XV.

- O **papel**, inventado pelos chineses, e o aperfeiçoamento da **impressão de papel**, feito por Gutenberg, permitiram que os novos conhecimentos geográficos, científicos e de navegação fossem divulgados por todo o mundo, contribuindo também para as conquistas das navegações.

Bússola do século XVI.

Mapa-múndi em pergaminho de Henricus Martellus, cerca de 1489.

As navegações portuguesas

Portugal iniciou as **Grandes Navegações** por ser, na época, o país europeu com mais condições para isso. Os reis de Portugal e um grande número de comerciantes estavam interessados em descobrir novas mercadorias para vender na Europa e assim ampliar o comércio português.

A facilidade de saída para o mar foi uma das vantagens que ajudou Portugal a se destacar no período das Grandes Navegações. Os portugueses começaram suas viagens contornando a costa da África, por onde pretendiam chegar ao Oriente atravessando os oceanos.

Bartolomeu Dias se tornou importante para a história das Grandes Navegações porque foi o primeiro europeu a navegar pelo extremo sul da África, chegando ao oceano Índico. Também foi o primeiro a viajar longe da costa, no Atlântico Sul.

Após algumas tentativas, os portugueses já estavam perto de chegar ao Oriente. Mas foi em 1498 que uma expedição comandada por Vasco da Gama chegou lá. Vasco da Gama completou, assim, o caminho marítimo para as Índias.

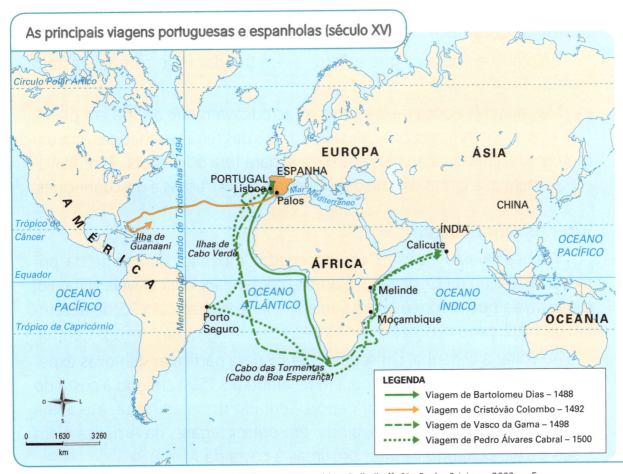

As principais viagens portuguesas e espanholas (século XV)

LEGENDA
- Viagem de Bartolomeu Dias – 1488
- Viagem de Cristóvão Colombo – 1492
- Viagem de Vasco da Gama – 1498
- Viagem de Pedro Álvares Cabral – 1500

Adaptado de: **Atlas História do Brasil**, de Flávio de Campos e Miriam Dolhnikoff. São Paulo: Scipione, 2000. p. 5.

As navegações espanholas

Assim como Portugal, a Espanha também estava à procura de um caminho marítimo para as Índias.

No ano de 1492, o navegador Cristóvão Colombo comandou uma expedição em busca desse caminho. Ele acreditava que a Terra era redonda e que, se navegasse sempre em direção ao Ocidente, chegaria ao Oriente.

Colocando em prática sua teoria, ele atravessou o oceano Atlântico com três caravelas. Ao fim da viagem, chegou à América acreditando ter chegado ao Oriente.

O navegador Américo Vespúcio, viajando anos mais tarde ao lugar onde Colombo estivera, percebeu que ele não havia chegado às Índias, e sim a um continente até então desconhecido pelos europeus. Por isso, a nova terra foi chamada de América, em homenagem a Américo Vespúcio.

Os navegadores espanhóis

Cristóvão Colombo

Colombo acreditava que a Terra era redonda. Hoje este é um fato mais que comprovado.

Mas naquela época muitas pessoas acreditavam que a Terra era plana. Para elas, se um navegador se afastasse muito das terras conhecidas, em um momento o chão acabaria e o navio cairia para fora do planeta. Acreditava-se também que o mar era cheio de criaturas monstruosas e desconhecidas.

Vicente Yáñez Pinzón

Vicente Yáñez Pinzón foi um navegador espanhol integrante da primeira expedição de Cristóvão Colombo, comandando a caravela Niña. Foi sua caravela que socorreu a nau Santa Maria, encalhada em 25 de dezembro de 1492, próximo à costa da ilha de São Domingos, na América Central.

Ao voltar à Espanha, conseguiu licença para participar de novas expedições ao continente americano. Em fevereiro de 1500 chegou à costa do atual estado do Ceará, tendo, depois, seguido rumo ao norte, até a ilha de Marajó. Ele teria aportado, ainda, em outros lugares da América e em Cabo Verde, conjunto de ilhas próximas à costa da África.

O Tratado de Tordesilhas entre Portugal e Espanha

Como já navegavam pelo oceano Atlântico bem antes dos espanhóis, os portugueses acreditavam que as terras a que Colombo chegou pertenciam a eles. Então, para resolver essa questão e evitar uma guerra entre as duas nações, foi assinado um acordo que recebeu o nome de **Tratado de Tordesilhas**.

O documento foi assinado em 1494 e estabelecia um meridiano que passava a 370 léguas a oeste das ilhas de Cabo Verde. As terras que ficassem a leste desse meridiano pertenceriam a Portugal e as que ficassem a oeste, a Espanha.

Observe no mapa que, após a assinatura do tratado, uma grande porção da América do Sul foi considerada pelas duas nações como domínio de Portugal.

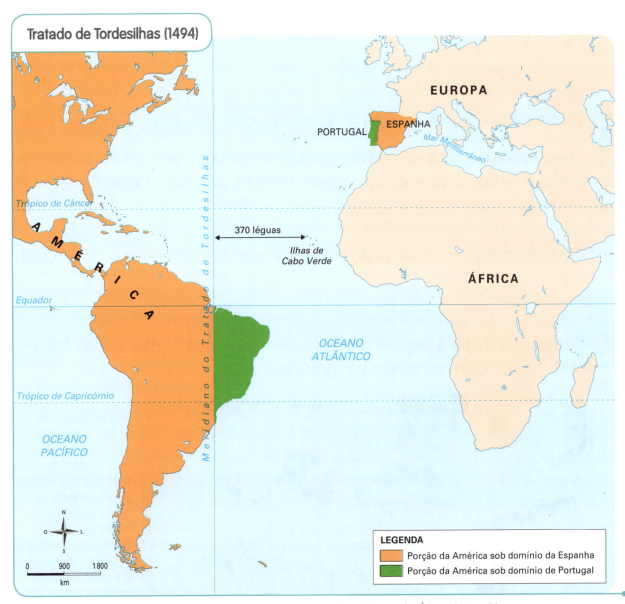

Tratado de Tordesilhas (1494)

LEGENDA
- Porção da América sob domínio da Espanha
- Porção da América sob domínio de Portugal

Adaptado de: **Atlas histórico básico**, de José Jobson de A. Arruda. 17. ed. São Paulo: Ática, 2001. p. 20.

Atividades

1 No século XV, apenas a Europa e partes da Ásia e da África eram conhecidas pelos europeus. Na sua opinião, como as navegações contribuíram para a alteração dos mapas daquele período?

....

....

2 As Grandes Navegações foram possíveis graças à invenção e ao aperfeiçoamento de diferentes instrumentos e meios de transporte marítimo. Cite alguns deles.

....

3 Você lembra o que é especiaria? Converse com os colegas e responda:

a) Na época das Grandes Navegações, onde podiam ser obtidas as especiarias e outros produtos, como seda, tapetes, porcelanas e perfumes?

....

b) Vocês conhecem algum prato em cujo preparo se utilizam especiarias? Qual?

....

4 Compare o mapa a seguir com o mapa-múndi atual: quais são as diferenças? Discuta com os colegas e o professor.

Biblioteca Estense, Modena, Itália.

❋ Mapa-múndi de 1502. Trata-se do mapa da América mais antigo de que se tem conhecimento. Ele representa as terras portuguesas na América. De autoria desconhecida, esse tipo de mapa era comum no período das Grandes Navegações.

5 Responda às questões:

a) O que o Tratado de Tordesilhas estabelecia?

....

....

....

....

b) Por que ele foi assinado?

....

....

....

....

6 Pinte o mapa abaixo de acordo com a legenda.

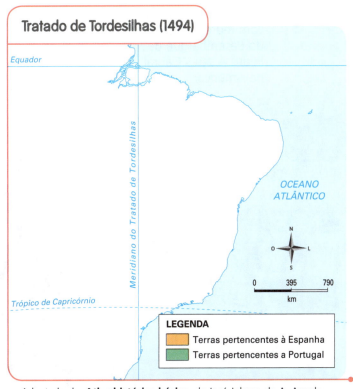

Tratado de Tordesilhas (1494)

Equador

Meridiano do Tratado de Tordesilhas

OCEANO ATLÂNTICO

N
O · L
S

0   395   790
km

Trópico de Capricórnio

LEGENDA
☐ Terras pertencentes à Espanha
☐ Terras pertencentes a Portugal

Adaptado de: **Atlas histórico básico**, de José Jobson de A. Arruda. 17. ed. São Paulo: Ática, 2001. p. 20.

Unidade 1

A chegada dos portugueses às terras que hoje formam o Brasil

Em 1500, o rei de Portugal, dom Manuel I, organizou uma **esquadra** composta de treze navios e cerca de 1 200 homens. Para comandá-la, foi escolhido Pedro Álvares Cabral.

A viagem de Cabral tinha como objetivo repetir o caminho que Vasco da Gama havia feito até as Índias. O governo português queria ampliar o comércio com o Oriente. Assim, no dia 9 de março de 1500, a esquadra saiu de Portugal.

Durante a viagem, a frota de Cabral desviou-se da rota original. Esse fato é citado por alguns historiadores como "desastre" ou "acidente". Atualmente, entretanto, a maioria dos estudiosos acredita que isso não ocorreu por acaso, pois Portugal já suspeitava da existência das terras que hoje fazem parte do território brasileiro desde a assinatura do Tratado de Tordesilhas, em 1494.

Por isso, hoje podemos dizer que um dos objetivos da viagem de Cabral era confirmar a existência dessas terras e garantir sua posse.

✳ Cerâmica portuguesa com representação do desembarque de Pedro Álvares Cabral na América.

Veja como foi a **chegada de Cabral** ao litoral das terras que hoje formam o Brasil:

15   **16**   **17**   **18**   **19**   **20**

21 de abril
A esquadra viu sinais de terra próxima: ervas marinhas e pássaros.

22 de abril
A esquadra avistou um monte, ao qual foi dado o nome de Pascoal.

23 de abril
A esquadra aproximou-se da terra e avistou os seus habitantes, que foram chamados pelos europeus de "índios".

24 de abril
A esquadra encontrou um bom porto para abrigar os navios. Esse porto recebeu o nome de Porto Seguro, atual baía Cabrália, no estado da Bahia.

25

26 de abril
Frei Henrique Soares de Coimbra rezou a primeira missa numa pequena ilha, cujo nome atual é Ilhéu da Coroa Vermelha.

27   **28**

29   **30**

1º de maio
Os portugueses ergueram uma grande cruz de madeira no solo brasileiro para indicar que tomavam posse da terra em nome do rei de Portugal, e o frei Henrique Soares de Coimbra rezou a segunda missa nessas terras.

2 de maio
A esquadra seguiu para as Índias. Apenas um navio, comandado por Gaspar de Lemos, voltou para Portugal, a fim de levar a dom Manuel I a carta de Pero Vaz de Caminha que noticiava a "descoberta" da terra.

3   **4**   **5**

Maio de 1500

O primeiro nome dado à terra encontrada foi **Ilha de Vera Cruz**, pois os portugueses pensavam que se tratava de uma grande ilha. Depois, vendo o engano, mudaram o nome para **Terra de Santa Cruz**. Mais tarde, o nome foi mudado definitivamente para **Brasil**.

Os povos indígenas que viviam na região costeira das terras que hoje formam o Brasil, bem antes da chegada dos portugueses, chamavam-na de **Pindorama**, que quer dizer 'a terra das palmeiras' em tupi-guarani.

1 Complete os espaços em branco nas afirmações abaixo.

a) Um dos principais objetivos dos portugueses ao se lançar às navegações era o de encontrar um caminho para as .... Para isso, eles utilizavam a .... como principal embarcação.

b) Os portugueses chegaram ao Brasil em 1500, no século .... Nessa época, o rei de Portugal era ....

c) Desde a chegada dos portugueses, já se passaram .... séculos e mais .... anos.

2 Observe, no mapa, a rota da viagem de Cabral até chegar ao litoral das terras que hoje formam o Brasil, no dia 22 de abril de 1500, seguindo depois para as Índias.

Adaptado de: **Atlas História do Brasil**, de Flávio de Campos e Miriam Dolhnikoff. São Paulo: Scipione, 2000. p. 5.

o Agora, responda: qual era o objetivo da viagem de Cabral?

....

....

....

....

3 Leia o texto a seguir e observe o mapa.

O encontro entre os colonizadores e os grupos indígenas

O primeiro contato entre os portugueses e os povos indígenas foi relatado, com detalhes, na carta de Pero Vaz de Caminha ao rei de Portugal, dom Manuel I, numa sexta-feira, 1º de maio de 1500.

O respeito de ambas as partes, com trocas de sinais e presentes, levaria a crer numa relação amistosa. Logo os portugueses os consideraram ingênuos e passaram a explorá-los. Em troca do trabalho na exploração do pau-brasil, presenteavam os nativos com ornamentos (apitos, colares, chocalhos e outras peças que despertavam a curiosidade dos indígenas). Não demorou a escravização e o uso da violência contra os indígenas pelos portugueses, o que levou ao extermínio da maioria dos povos que habitavam o litoral, região da Mata Atlântica, local de origem do pau-brasil. Além disso, a exploração desse recurso teve como resultado uma grande devastação da mata primitiva.

Atlas remanescentes 2012, de SOS Mata Atlântica. Disponível em: <http://mapas.sosma.org.br>. Acesso em: 7 out. 2014.

 o Agora, responda oralmente:

a) Você concorda com a atitude dos portugueses? Por quê?

b) Como você se sentiria se fosse um dos habitantes das terras brasileiras naquela época?

Capítulo 6
Os períodos da História do Brasil

Alguns estudiosos costumam dividir a História do Brasil em períodos, para facilitar seu estudo.

Veja os períodos da História do Brasil:

Antes da chegada dos portugueses em 1500

Desse período estuda-se a história dos primeiros grupos humanos que, há mais de 10 mil anos, povoaram as terras que hoje formam o Brasil. Também investiga-se a história dos povos indígenas que os portugueses encontraram, em 1500, nessas terras.

1500

Chegada de Cabral à América

Brasil colônia ou **Brasil colonial**

Do período colonial, estudamos os primeiros contatos entre os indígenas nativos e os europeus, a dominação dos europeus sobre os indígenas, a exploração comercial do pau-brasil, da cana-de-açúcar e da mineração, além da transferência da família real portuguesa para o Brasil.

Ilustrações: Ilustra Cartoon/ Arquivo da editora

1822

Proclamação da Independência do Brasil

Brasil Império

Deste período, estudamos o Primeiro Reinado (de dom Pedro I), o período regencial, o Segundo Reinado (de dom Pedro II), as atividades econômicas (como o plantio de café) e a abolição da escravatura.

1889

Proclamação da República

Brasil República

No Brasil República, conhecemos fatos como a queda da monarquia no Brasil, a instauração de duas ditaduras, a redemocratização do país e também acontecimentos mais recentes, como a eleição de um presidente vindo das camadas populares da sociedade.

1 Observe, na linha do tempo, os acontecimentos que marcaram o início dos períodos da História do Brasil após a chegada dos portugueses.

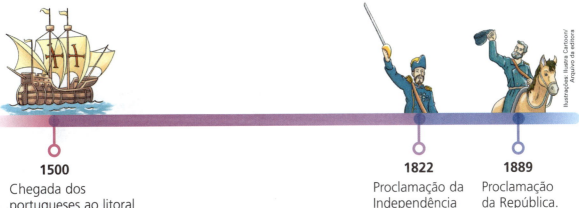

1500
Chegada dos portugueses ao litoral de onde é hoje o Brasil.

1822
Proclamação da Independência do Brasil.

1889
Proclamação da República.

Ilustrações: Ilustra Cartoon/ Arquivo da editora

○ Calcule o intervalo de anos entre os acontecimentos marcados na linha do tempo.

....

....

2 Para responder às questões abaixo, pesquise, junto com alguns colegas, em livros, enciclopédias, jornais, revistas e *sites*.

a) O que aconteceu no Brasil e no restante do mundo entre um período e outro? Escolha um evento histórico e anote-o a seguir.

....

....

....

b) O que aconteceu nas terras que hoje formam o Brasil antes de 1500?

....

....

....

Comparando o tempo de vida de elementos da natureza

Quantos anos tem o cachorro mais velho do mundo?

Ele tem 24 anos, que equivalem a 168 anos humanos. Tio Chi-Chi – sim, esse é o nome dele, sem gozação – é um *minipoodle* que vive em Nova York.

Quantos anos tem o cachorro mais velho do mundo?, de Yuri Vasconcelos. **Mundo Estranho**, edição 110. Disponível em: <http://mundoestranho.abril.com.br/materia/quantos-anos-tem-o-cachorro-mais-velho-do-mundo>. Acesso em: 30 dez. 2014. (Texto adaptado).

James Ambler/Barcroftmedia/Other I

Para você, 24 anos é um tempo longo?

Como podemos saber se um animal é mesmo velho? A experiência a seguir pode ajudá-lo a responder a essa questão.

Material necessário

- grãos de feijão
- grãos de ervilha
- pedaço de barbante

Como fazer

1. Conheça a seguir a idade dos indivíduos de algumas espécies animais. Observe a idade média de cada espécie, isto é, a esperança de vida: ela indica quanto anos vive, em média, os indivíduos dela.

Doreen Zorn/imageBROKER/Keystone

Esse coelho tem 18 anos. A esperança de vida dos coelhos é de 6 anos.

AGE/Keystone

Essa ovelha tem 24 anos. A esperança de vida das ovelhas é de 12 anos.

stockyimages/Shutterstock/Glow Images

Essa mulher tem 60 anos. A esperança de vida das mulheres, no Brasil, é de 78 anos.

2. Represente a idade de cada animal com os grãos de feijão. Um grão corresponde a 6 anos. Veja o exemplo.

coelho	
ovelha	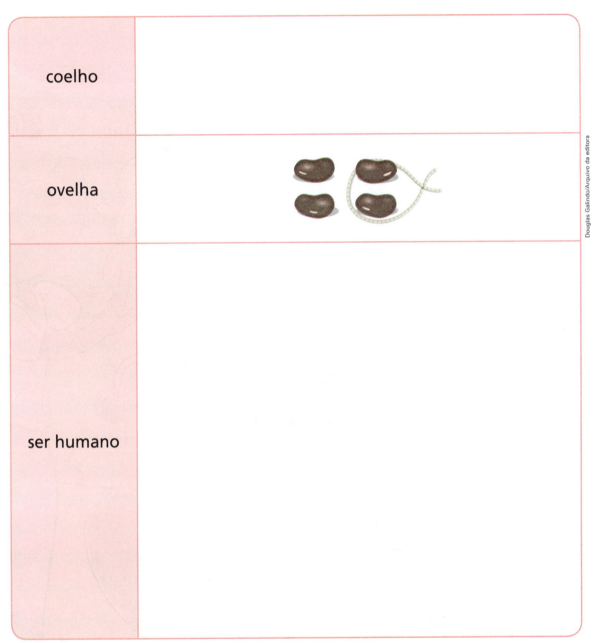
ser humano	

3. Quem é o mais velho dos três indivíduos?

4. Com o barbante, agrupem os grãos que correspondem à esperança de vida de cada espécie. Se não houver grãos suficientes, complete com ervilha.

5. Compare o tempo médio de vida de cada espécie e do indivíduo.

E agora, você consegue identificar qual indivíduo é o mais velho de sua espécie?

2

Brasil: período colonial

Vamos conversar?

- Que desigualdade está representada na ilustração?
- Como o período colonial se relaciona com essa desigualdade?

O que vou estudar?

- Exploração das terras pelos portugueses
- As capitanias hereditárias e o governo-geral
- Os engenhos e a produção de açúcar
- A expansão do território brasileiro
- As revoltas do Brasil colonial
- A família real no Brasil

Ilustra Cartoon/
Arquivo da editora

Conhecimento, exploração e colonização da nova terra

● Expedições portuguesas

O rei de Portugal, logo após a chegada da expedição de Cabral, não manifestou grande interesse pela nova terra, mas achou que deveria conhecê-la para verificar se nela existiam riquezas. Com esse intuito, foram enviadas para cá as **primeiras expedições**.

A **expedição exploradora de 1501** percorreu o litoral da região e verificou que a nova terra não era uma ilha. Foi então que seu nome passou a ser Terra de Santa Cruz.

Nessa primeira expedição foi descoberta a existência de árvores de pau-brasil nas matas do litoral, o que deu início à exploração dessa madeira. Ela era muito usada na Europa porque dela se extraía uma tinta vermelha que tingia tecidos.

A **expedição exploradora de 1503**, comandada por Gonçalo Coelho, teve a participação de Américo Vespúcio, que fundou em Cabo Frio uma feitoria, isto é, um posto de armazenamento usado para guardar principalmente pau-brasil.

Diversos lugares do litoral foram nomeados pelos portugueses. As anotações e descrições feitas nesse período contribuíram para a elaboração de mapas das novas terras conquistadas por Portugal.

O pau-brasil atraiu o interesse de piratas franceses. Para policiar nosso litoral e evitar o contrabando (comércio proibido) de pau-brasil, os portugueses organizaram **expedições guarda-costas**, uma em 1516 e outra em 1526. No entanto, em decorrência da grande extensão do litoral, essas expedições não conseguiram afastar os franceses da região.

O governo português percebeu que era impossível defender um litoral tão grande como o nosso apenas com expedições guarda-costas. Por isso, durante muitos anos foram enviadas expedições para reconhecer, mapear e defender o território brasileiro – elas foram chamadas de **expedições colonizadoras**.

Brasil, de 1565, elaborado por Giacomo Gastaldi e Giovanni Ramusio. O mapa representa um trecho da América do Sul, com destaque para a costa atlântica ocupada pelos portugueses. Observe que nesse mapa o norte aponta para a direita, não para cima.

O objetivo delas era ocupar as terras. Os governantes portugueses mandavam pessoas para viver aqui, construir casas, plantar, explorar e defender o território.

A **expedição colonizadora de 1530** foi a primeira a chegar à América portuguesa. Chefiada por Martim Afonso de Sousa, essa expedição tinha vários objetivos: expulsar os franceses, descobrir e explorar novas riquezas e iniciar o povoamento do território. Ela também trazia sementes de plantas, instrumentos agrícolas, animais domésticos e muitas pessoas.

Em 1532, o líder da expedição, Martim Afonso de Sousa, fundou a primeira vila da colônia portuguesa: São Vicente (atual cidade de São Vicente, no litoral do estado de São Paulo). Podemos dizer que foi com ele que efetivamente se iniciou a colonização portuguesa.

● As capitanias hereditárias e o governo-geral

A **colonização** iniciou-se apoiada em três fatores:

- a **grande propriedade rural** – que se voltou para a exportação;

- a **monocultura da cana-de-açúcar** – que foi impulsionada porque havia muitas terras férteis no litoral brasileiro e porque o comércio do açúcar era altamente lucrativo na Europa;

- o **trabalho escravo** – que, num primeiro momento, era feito por indígenas e, depois, por africanos escravizados.

As capitanias hereditárias

Colonizar as "novas terras" não era tarefa simples. A Coroa portuguesa tinha poucos recursos financeiros para continuar a ocupação. Por isso, em 1534, dom João III, o então rei de Portugal, decidiu dividir as terras em quinze lotes, que iam do litoral até o limite criado pelo Tratado de Tordesilhas.

Accuratissima Brasilia tabula, de 1635, elaborado por Henricus Hondius. Os limites entre as capitanias eram mais exatos nas áreas litorâneas, que foram efetivamente ocupadas pelos portugueses. Esse mapa também tem uma orientação diferente da convencional: nele, o norte aponta para a direita. Essa é a visão dos navegantes ao chegar à costa brasileira.

Esses lotes foram chamados de **capitanias hereditárias** (porque passavam de pai para filho) e foram doados aos homens que se dispuseram a investir recursos na colônia.

Os **donatários** recebiam a posse da terra, mas não eram os donos das capitanias. Eles podiam explorá-las, passar para seus filhos, mas não podiam vendê-las. Tinham direitos, mas também deveres a cumprir.

Os donatários tinham a permissão da Coroa portuguesa para cobrar impostos das pessoas que viviam em sua capitania, doar terras (denominadas sesmarias) a colonos que as cultivassem, escravizar os indígenas e exercer a justiça estabelecida pelo rei. Porém, os donatários tinham que defender e colonizar as terras, estimulando o seu progresso com recursos próprios. Eles também não podiam comercializar com outros países e tinham de pagar impostos à Coroa portuguesa (por exemplo, se fossem descobertos metais e pedras preciosas, 20% deles seriam da Coroa).

Apesar dos esforços do rei de Portugal, muitas capitanias fracassaram por causa da dificuldade dos donatários em administrá-las, dos ataques frequentes dos indígenas, e da falta de dinheiro e de comunicação entre elas.

Assim, alguns donatários nem chegaram a tomar posse das terras, deixando-as abandonadas. Apenas as capitanias de São Vicente e Pernambuco obtiveram algum sucesso.

São Vicente desenvolveu-se em decorrência da lavoura de cana-de-açúcar e da criação de gado.

Pernambuco também prosperou graças à cana-de-açúcar. A região favorecia o plantio em virtude de seu clima quente e úmido e do solo de massapê (terra escura e muito fértil).

Reprodução/Coleção do Instituto de Estudos Brasileiros da USP, São Paulo, SP.

St. Vicent, ilustração de Joris van Spilbergen, 1621.

Governos-gerais

A divisão do território brasileiro em capitanias foi importante para Portugal, pois possibilitou o início do povoamento e do cultivo da cana-de-açúcar, além de impedir o ataque constante dos franceses à costa brasileira.

No entanto, esse sistema não deu os resultados que o rei esperava. Por isso, sem acabar com as capitanias, ele resolveu implantar em 1548 os governos-gerais, que tinham como objetivos:

o centralizar o poder governamental, que antes estava distribuído entre os donatários, nas mãos de uma pessoa só (o governador-geral);

o dar assistência às capitanias que necessitassem.

Para ser a sede do governo-geral, foi escolhida uma área da capitania da Baía de Todos-os-Santos, onde foi construída a cidade de Salvador.

El atlas de las metrópolis, de Le Monde diplomatique en español. Valencia: Fundación Mondiplo/Uned, 2014. p. 49.

Tomé de Sousa

Em 1549, chegou ao Brasil Tomé de Sousa, o **primeiro governador-geral**.

Auxiliado por Caramuru (apelido de Diogo Álvares Correia, português que naufragara na costa brasileira e que passou a viver com os indígenas), pelos colonos, por alguns indígenas e pelos padres jesuítas, Tomé de Sousa fundou a cidade de Salvador, que se tornou a primeira capital da colônia.

Em seu governo, Tomé de Sousa desenvolveu a cultura da cana-de-açúcar.

Duarte da Costa

Em 1553, Tomé de Sousa foi substituído por Duarte da Costa, o segundo governador-geral. Com ele vieram ao Brasil vários jesuítas, incluindo José de Anchieta, que ficou conhecido como "o apóstolo do Brasil".

Um dos acontecimentos mais importantes do governo de Duarte da Costa foi a fundação do Colégio de São Paulo, em 25 de janeiro de 1554, que mais tarde deu origem à cidade de São Paulo. Em 1557, Duarte da Costa voltou para Portugal.

Vista do Pátio do Colégio, no local onde se originou a cidade de São Paulo (SP), 2014.

Delfim Martins/Pulsar Imagens

Mem de Sá

Em 1558, assumiu o terceiro governador-geral, Mem de Sá. Seu governo durou catorze anos e ele resolveu os principais problemas da colônia. Os fatos marcantes de sua administração foram:

- a fundação da cidade de São Sebastião do Rio de Janeiro (atual Rio de Janeiro), em 1565, por Estácio de Sá, seu sobrinho;

- a expulsão dos franceses do Rio de Janeiro, em 1567, com a ajuda de Estácio de Sá e de parte dos Tamoio (indígenas que habitavam a região).

Em 1572, dom Sebastião, o então rei de Portugal, dividiu a colônia em dois governos-gerais: o do Norte, com capital em Salvador, e o do Sul, com capital no Rio de Janeiro. Como essa divisão não trouxe bons resultados, a Colônia voltou a ter somente um governador e uma capital (a cidade de Salvador) até 1763.

Depois disso, a América portuguesa ainda teve muitos governadores-gerais.

Unidade 2

1 Explique, com suas palavras, o objetivo das seguintes expedições:

a) exploradoras: ....

b) guarda-costas: ....

c) colonizadoras: ....

2 Qual foi a primeira tentativa portuguesa de colonizar o Brasil? Em que ano isso aconteceu?

....

....

....

....

3 Por que Portugal decidiu colonizar as terras americanas encontradas em 1500?

....

....

....

....

4 Para que servia a madeira do pau-brasil? Por que ela despertava tanto interesse?

....

....

....

....

5 Responda às questões:

a) Qual é o nome do estado onde você vive? As terras dele pertenciam a Portugal ou à Espanha?

....

b) Por que colonizar as "novas terras" era uma tarefa difícil?

....

....

....

6 Os portugueses precisavam ganhar dinheiro colonizando o Brasil. Por isso, resolveram cultivar uma plantação que serve de matéria-prima a um produto que era muito apreciado nos mercados europeus. O que cultivaram?

◯ café   ◯ cana-de-açúcar   ◯ pau-brasil

7 Que fatos motivaram a colonização do Brasil? Explique com suas palavras.

....

....

....

....

8 Converse com os colegas e depois dê a sua opinião:

a) Se hoje você fosse eleito governador do estado onde vive, enfrentaria os mesmos problemas dos primeiros governadores coloniais? Por quê?

....

....

b) Qual seria a primeira providência que você tomaria? Por quê?

....

....

Os engenhos e a produção de açúcar

OED

Com a chegada dos donatários, a produção de açúcar se desenvolveu no Brasil. O açúcar era um produto muito consumido na Europa, e o clima brasileiro era ideal para plantar a cana-de-açúcar usada na fabricação do produto. Em 1628, havia cerca de 235 engenhos instalados no nordeste brasileiro.

O **engenho** era a grande propriedade produtora de açúcar. Ele era formado, basicamente, pelo setor agrícola, onde a cana-de-açúcar era plantada, e pelo setor de beneficiamento, onde era transformada em açúcar e aguardente.

Todo o trabalho no engenho colonial era feito por pessoas de várias etnias africanas, que eram geralmente escravizadas. Bantos e sudaneses eram os principais grupos trazidos para a América.

Veja no mapa a seguir as principais rotas do tráfico de negros escravizados.

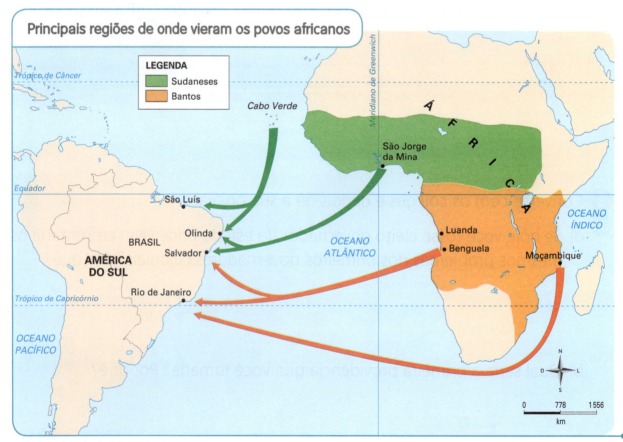

Principais regiões de onde vieram os povos africanos

LEGENDA

Sudaneses

Bantos

Atlas História do Brasil, de Flávio de Campos e Miriam Dolhnikoff. São Paulo: Scipione, 2000. p. 9.

Você sabe como eram as etapas da produção do açúcar? E como eram as terras do engenho de açúcar? Veja o desenho a seguir e se informe.

Casa-grande: moradia do senhor e de sua família.

Capela: o Brasil era, naquela época, uma sociedade muito ligada ao catolicismo. Por isso, geralmente havia uma capela nas propriedades do engenho.

Senzala: habitação dos negros escravizados. Era uma construção muito simples e pouco arejada, onde todos dormiam no chão ou em redes.

Lavoura: na lavoura, destacavam-se os cultivos de mandioca, milho, arroz e feijão. Tais produtos serviam de alimento da população do engenho, mas sua produção insuficiente não atendia às necessidades dela.

Casa de engenho: abrigava todas as instalações destinadas ao preparo do açúcar.

Fornalhas: onde o caldo de cana era fervido e purificado em tachos de cobre.

Canavial: a parte das terras do engenho destinada ao cultivo da cana.

Casa de purgar: lugar onde o açúcar era branqueado e seco. Nela, separava-se o açúcar mascavo (escuro) do açúcar de melhor qualidade.

Moenda: local onde se moía a cana para a extração do caldo (garapa).

Ilustra Cartoon/Arquivo da Editora

Elaborado com base em dados de **O engenho colonial**.
Disponível em: <www.multirio.rj.gov.br/historia/modulo01/eng_colonial.html>. Acesso em: 15 out. 2014.

Como é produzido o açúcar?

O açúcar é uma substância extraída da garapa da cana-de-açúcar e da beterraba.

O Brasil é um dos maiores produtores de cana-de-açúcar, por isso a oferta de açúcar de beterraba em nosso país é muito rara.

A produção de açúcar de cana pode ser até quatro vezes mais barata que a de açúcar de beterraba.

Acompanhe a seguir as atuais etapas de produção de açúcar de cana.

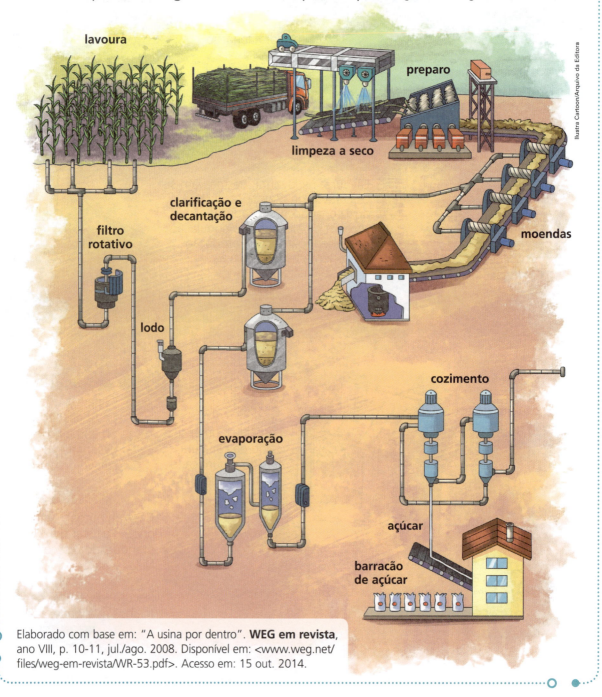

Elaborado com base em: "A usina por dentro". **WEG em revista**, ano VIII, p. 10-11, jul./ago. 2008. Disponível em: <www.weg.net/files/weg-em-revista/WR-53.pdf>. Acesso em: 15 out. 2014.

Atividades

1 Converse com os colegas e o professor e complete as frases abaixo.

a) O açúcar era produzido nos ....

b) A principal mão de obra utilizada nos engenhos foi a dos ....

...., que vinham da ....

2 Leia o texto abaixo.

Os quilombos

Os negros foram escravizados no Brasil por mais de 300 anos. Durante esse período, eles lutaram contra a escravidão. Muitos fugiram das fazendas e formaram comunidades chamadas de quilombos.

O nome **quilombo** é originário do idioma banto e significa 'acampamento; local escondido'. Existiram quilombos em vários lugares do Brasil e, ainda hoje, há remanescentes dessas povoações.

Nas terras dos atuais estados de Pernambuco e Alagoas, foi formado o maior dos quilombos, o Quilombo dos Palmares. Seu principal líder foi Zumbi, que lutou contra os senhores de engenho e as autoridades que por mais de 50 anos tentaram destruí-lo.

Em 20 de novembro de 1695, Zumbi foi morto, e Palmares, destruído. Nesse dia é comemorado em todo o Brasil o Dia Nacional da Consciência Negra.

○ Agora, responda:

a) De que modo os negros reagiam contra a escravidão?

....

b) O que eram os quilombos?

....

c) Onde se localizava o Quilombo dos Palmares? Quem foi Zumbi?

....

....

A destruição das florestas atlânticas

Engenho com rodas movidas pela água, aquarela sobre esboço a lápis, de Frans Post, século XVII.

No período colonial, parte das florestas atlânticas foi derrubada para ceder lugar às plantações de cana-de-açúcar. O açúcar feito da cana era um produto muito valorizado na Europa.

- O que acontecia com nossas florestas cada vez que crescia o consumo de açúcar na Europa?

- No município onde você vive há alguma atividade econômica que resulta na derrubada de vegetação? Qual(is)?

- As plantações de cana-de-açúcar provocavam o desmatamento nas colônias de Portugal, mas o açúcar produzido era vendido pelos portugueses na Europa. Quem se beneficiava do comércio de açúcar? Onde ficavam os efeitos negativos do desmatamento?

O etanol é produzido em usinas a partir de matérias-primas como cana-de-açúcar, milho ou beterraba. Ele é um biocombustível, ou seja, um combustível renovável, que não precisa de materiais de origem fóssil, como o petróleo. Nem todo biocombustível é uma alternativa tão limpa assim para o planeta. O etanol pode, dependendo da matéria-prima, até gerar mais emissão de gases poluentes. Isso sem falar no risco de maiores desmatamentos para ampliar as plantações. O etanol brasileiro, feito da cana-de-açúcar, é mais produtivo que o extraído do milho e provoca um impacto ambiental menor.

Como é produzido o etanol?, de Victor Bianchin e Gabriel Silveira. **Mundo Estranho**, ed. 79. Disponível em: <http://mundoestranho.abril.com.br/materia/como-e-produzido-o-etanol>. Acesso em: 2 fev. 2015.

Ernesto Reghran/Pulsar Imagens

- Como o etanol é utilizado? Qual é sua matéria-prima principal em nosso país? Quais são as vantagens do etanol feito da cana-de-açúcar?

- O aumento do uso de etanol pode ser preocupante para a vegetação nativa? Por quê?

- Como o Brasil consegue produzir cada vez mais soja? Por que o cerrado tem sofrido com aumento do desmatamento nas últimas décadas?

- Na região onde você vive há desmatamento? Que atividades são implementadas nas áreas desmatadas?

Ifim Martins/Pulsar Imagens

✱ Área de cultivo em meio a região de ocorrência do cerrado, em Querência (MT), 2011.

Capítulo 9

As invasões francesas e holandesas

● Franceses no Rio de Janeiro e no Maranhão

Portugal não era o único país que queria explorar as novas terras americanas. De 1500 a 1530, os franceses desembarcaram no litoral brasileiro em busca do pau-brasil, com interesse em apoderar-se de parte das terras.

Em 1555, os franceses resolveram estabelecer-se no Rio de Janeiro, fundando uma colônia à qual deram o nome de **França Antártica**. Eles foram expulsos da região em 1567 pelos portugueses.

Forte de Villegagnon no ancoradouro do Rio de Janeiro, gravura de Joyce Gold, 1813. Esse forte foi construído em 1555 pelos franceses chefiados por Nicolau de Villegagnon, na baía de Guanabara.

Em 1612, os franceses voltaram a invadir a América portuguesa. Dessa vez, estabeleceram-se no Maranhão, onde fundaram uma colônia chamada **França Equinocial**.

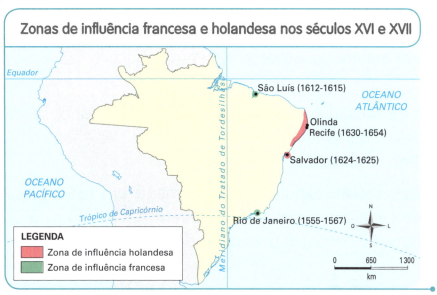

Zonas de influência francesa e holandesa nos séculos XVI e XVII

São Luís (1612-1615)
Olinda
Recife (1630-1654)
Salvador (1624-1625)
Rio de Janeiro (1555-1567)

OCEANO ATLÂNTICO
OCEANO PACÍFICO
Equador
Trópico de Capricórnio
Meridiano do Tratado de Tordesilhas

LEGENDA
Zona de influência holandesa
Zona de influência francesa

0   650   1300
km

Atlas histórico escolar, de Manoel Maurício de Albuquerque e outros. Rio de Janeiro: MEC/Fename, 1996. p. 30.

Eles construíram, em uma ilha, o forte de São Luís, que deu origem à cidade de mesmo nome e que é, atualmente, a capital do Maranhão.

Em 1615, os franceses foram expulsos pelos portugueses e o governo local decidiu ocupar a região, pois essa era a melhor forma de defendê-la de novas ocupações.

Reprodução/Biblioteca Nacional, Rio de Janeiro, RJ.

Maragnon, gravura de Frans Post, cerca de 1641. Essa é a vista do porto de São Luís, no Maranhão, no século XVII.

● Holandeses no nordeste

Outro país que teve interesse nas terras brasileiras foi a Holanda.

Em 1630, os holandeses tomaram Pernambuco, uma das regiões mais prósperas da colônia, cujo atrativo era a grande produção de cana-de-açúcar. Maurício de Nassau assumiu o governo de Pernambuco e fez a região progredir bastante.

O retorno de Nassau à Holanda permitiu que os colonos se voltassem contra os holandeses, numa luta que durou cerca de dez anos e foi chamada de **Insurreição Pernambucana**.

Os holandeses foram expulsos definitivamente em 1654, mas levaram com eles mudas de cana-de-açúcar que plantaram nas Antilhas, o que acarretou grandes prejuízos ao comércio português de açúcar na Europa.

Saiba mais

Maurício de Nassau

Maurício de Nassau, convidado pelo governo holandês para chefiar a ocupação de Pernambuco, tornou-se um nome de destaque na história da região.

Embora a chegada e a permanência dos holandeses no Brasil colonial sejam marcadas por alguns conflitos, nesse período houve relativos avanços na sociedade e na economia da região.

Foi graças ao governo de Maurício de Nassau que a Capitania de Pernambuco se tornou pioneira na tolerância cultural e religiosa. Nela eram permitidos os mais diversos cultos religiosos, como os do candomblé e os do judaísmo (que eram proibidos em outras partes da colônia).

Maurício de Nassau (1604-1679) em gravura de Hugo Allard, 1652.

Também graças ao governo melhoraram as condições de vida da população, que passou a contar com saneamento e planejamento urbano.

Atividades

1 O que pretendiam os franceses quando tentaram ocupar trechos da costa sob domínio de Portugal?

....

....

2 Compare as imagens a seguir e depois responda.

Recife (PE), 2013.

Amsterdã (Holanda), 2014.

a) As duas imagens têm algo em comum? Você consegue relacionar essas semelhanças com o que aprendeu neste capítulo?

....

....

....

b) Nas construções, nos costumes ou nos sobrenomes de pessoas do município em que você reside é possível perceber a influência de algum outro país? Explique.

....

....

A expansão do território brasileiro

Observe os mapas abaixo:

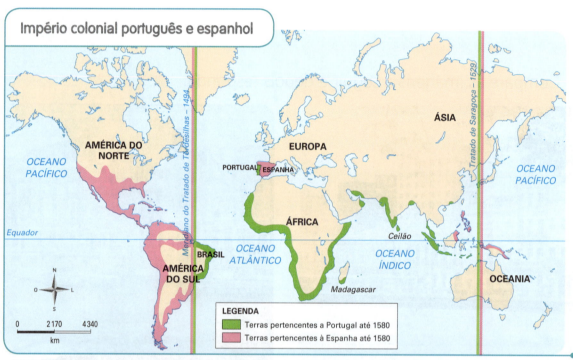

Império colonial português e espanhol

LEGENDA

Terras pertencentes a Portugal até 1580

Terras pertencentes à Espanha até 1580

Atlas histórico básico, de José Jobson de A. Arruda. 17. ed. São Paulo: Ática, 2001. p. 20.

Traçado do meridiano do Tratado de Tordesilhas

Adaptado de: **Atlas histórico básico**, de José Jobson de A. Arruda. 17. ed. São Paulo: Ática, 2001. p. 38.

Como você pode observar pela localização do meridiano do Tratado de Tordesilhas, a maior parte das terras do Brasil atual pertencia à Espanha. Foram os exploradores conhecidos como bandeirantes que iniciaram a ocupação do interior das terras que hoje são o Brasil.

A ocupação foi feita por meio de entradas, missões religiosas, bandeiras e pelo desenvolvimento de atividades como a mineração e a criação de gado.

Entradas

As **entradas** eram expedições organizadas pelo governo português para penetrar no sertão e reconhecê-lo, aprisionar indígenas para serem escravizados e procurar riquezas minerais. Elas não deveriam ultrapassar a linha estabelecida pelo Tratado de Tordesilhas.

Missões religiosas

Muitos padres jesuítas e outros missionários penetraram no interior do território colonial e fundaram missões, nas quais catequizavam os indígenas e aproveitavam a sua força de trabalho.

Missões eram aldeias construídas com o auxílio indígena. Os Guarani foram um dos povos que passaram a viver na companhia dos jesuítas, no interior das missões.

O trabalho dos missionários foi importante para a expansão do território colonial português, pois as missões geravam núcleos de ocupação no interior.

Ruína de aldeamento jesuíta, em São Miguel das Missões (RS), 2012. ✴
O conjunto desses aldeamentos é conhecido como Sete Povos das Missões.

Ricardo Teles/Pulsar Imagens

Unidade 2

● Bandeiras

As **bandeiras** eram expedições que não estavam ligadas ao governo.

Fazendeiros, comerciantes e aventureiros partiam geralmente da Vila de São Paulo com a finalidade de aprisionar indígenas e procurar riquezas minerais.

Os bandeirantes não respeitaram o limite do Tratado de Tordesilhas e, assim, embrenharam-se pelo interior, chegando a atingir terras espanholas. Com isso, colaboraram para a ampliação do território português.

As bandeiras que abriram caminho para o interior eram de três tipos: bandeiras de apresamento, de sertanismo de contrato e de mineração.

Bandeiras de apresamento

A finalidade dessas bandeiras era aprisionar indígenas e vendê-los como escravos para trabalhar nos engenhos de cana-de-açúcar.

Coleção particular

Soldados índios escoltando selvagens, litogravura de Jean-Baptiste Debret, cerca de 1816-1831. Na obra o artista retrata a triste situação de uma família indígena aprisionada para ser comercializada.

Bandeiras de sertanismo de contrato

Essas bandeiras eram organizadas para combater os povos indígenas que atacavam as fazendas e para trazer de volta negros escravizados que fugiam de seus donos e se escondiam nas matas ou nos quilombos.

Bandeiras de mineração

Eram bandeiras que saíam para procurar minerais valiosos, como ouro, prata e pedras preciosas. Elas percorreram o interior, na região dos atuais estados de Minas Gerais, Mato Grosso e Goiás.

Mineração

Com a descoberta das minas pelos bandeirantes, ocorreu na época o que se chamou de "febre do ouro": um grande número de pessoas mudou-se para as regiões de mineração e formaram-se muitas vilas e cidades.

Cidades como Ouro Preto, Diamantina, Sabará e Cuiabá, por exemplo, se formaram em decorrência da mineração.

A mineração promoveu a ocupação portuguesa do interior da colônia. A abertura de caminhos ligando a região das minas a outras áreas possibilitou a circulação de pessoas e mercadorias por extensas áreas. Além disso, o crescimento dos vilarejos nas áreas de exploração do ouro foi bastante incentivado nesse período.

A exploração do ouro e dos diamantes era feita por pessoas escravizadas e também por homens livres que trabalhavam por conta própria.

Os exploradores não ficavam com todo o ouro que extraíam, pois a Coroa portuguesa cobrava muitos impostos. As **casas de fundição** foram criadas pela Coroa para recolher impostos.

No ano de 1763, a capital da colônia foi transferida de Salvador para o Rio de Janeiro, que ficava mais próximo das regiões das minas.

Áreas de mineração (século XVII)

Atlas histórico escolar, de Manoel Maurício de Albuquerque e outros. Rio de Janeiro: MEC/Fename, 1996. p. 34.

Mineração de diamantes, aquarela de Carlos Julião, cerca de 1770.

● Criação de gado

A criação de gado contribuiu muito para a expansão territorial do Brasil. Vilas e cidades originaram-se de currais e abrigos para os tropeiros (pessoas que conduziam as tropas).

Os bois eram utilizados para movimentar os engenhos, puxar as carroças no transporte de cana e fornecer carne para alimentação.

No início, o gado era criado no litoral, próximo às fazendas de cana-de--açúcar, mas, pela necessidade de melhores pastagens, ele foi sendo levado para o interior da colônia.

Saiba mais

O território brasileiro continuou a crescer

Depois de se expandir para além da linha estabelecida pelo Tratado de Tordesilhas, o Brasil foi incorporando cada vez mais territórios. Essa expansão foi facilitada pelo aumento do contato entre as duas grandes metrópoles da época: Portugal e Espanha.

Em 1750, foi assinado o Tratado de Madri, que acabou com a divisão estabelecida pelo Tratado de Tordesilhas e definiu que cada metrópole poderia tomar posse de todos os territórios que realmente ocupasse e usasse. Como a mineração, as missões, a pecuária e as bandeiras já haviam ocupado grande parte do interior do continente, todos esses territórios passaram então ao domínio português. Foi assim que boa parte das atuais regiões Sul, Centro--Oeste e Norte passaram a fazer parte do nosso país.

Formação do território brasileiro

LEGENDA
Limites territoriais
- ---- Meridiano de Tordesilhas (1494)
- ── Tratado de Utrecht (1703)
- ── Tratado de Madri (1750)
- ── Tratado de Badajoz (1801)
- ░░ Ganhos territoriais no fim do século XIX e início do século XX

LEGENDA
Ocupação portuguesa
- Século XVI
- Século XVII
- Século XVIII
- Século XIX

Equador

OCEANO ATLÂNTICO

Trópico de Capricórnio

0   477   954
km

Atlas do Brasil, de Hervé Théry e Neli Aparecida de Mello. 2. ed. São Paulo: Edusp, 2009. p. 33.

Atividades

1 Releia os textos deste capítulo e responda às questões abaixo.

a) De que forma a mineração contribuiu para a colonização do interior?

....

....

....

b) Por que a criação de gado contribuiu para a ocupação do interior?

....

....

....

c) O que eram as missões?

....

....

....

d) Por que o Rio de Janeiro se transformou na capital da colônia?

....

....

....

2 Escolha um dos fatores de ocupação apresentados neste capítulo (mineração, pecuária, entradas, missões religiosas ou bandeiras) e procure mais informações a respeito do tema em enciclopédias e na internet. Pesquise sobre todos os problemas relacionados à forma de ocupação escolhida. Se possível, compare o fato que você escolheu com algum fato recente que esteja, por exemplo, sendo noticiado em jornais e na internet. Confeccione um cartaz ou faça um texto para mostrar à classe as suas descobertas.

As revoltas no Brasil colonial

Grande parte das riquezas das colônias era levada para Portugal. Isso aconteceu, no Brasil colonial, primeiro com o pau-brasil, a seguir com o açúcar e, depois, com o ouro.

Com o passar do tempo, criou-se um sentimento de revolta contra os abusos e as injustiças cometidos pelos representantes de Portugal, como: cobrança de impostos excessivos, compra de mercadorias locais por preços inferiores, venda de produtos importados por preços altíssimos, entre outros. Muitos colonos começaram a não aceitar mais o tratamento do governo português. Por essa razão, várias revoltas ocorreram em diferentes lugares.

O governo combateu as revoltas com muita violência, prendendo e matando muitos de seus participantes. A Revolta de Beckman, a Guerra dos Mascates e a Revolta de Filipe dos Santos são exemplos desses movimentos populares.

● Revolta de Beckman

Reprodução/Museu Antônio Parreiras, Niterói, RJ.

Essa revolta, ocorrida no Maranhão entre 1684 e 1685, teve como motivo o descontentamento dos colonos com a exploração da Companhia de Comércio do Maranhão, que comprava os produtos da região por um baixo preço para revendê-los a Portugal e vendia os produtos que vinham deste país por um alto preço.

Chefiados por Manuel Beckman, fazendeiro muito rico e respeitado na região, os colonos acabaram com a Companhia, mas o governo português sufocou a revolta e prendeu os principais líderes. Manuel Beckman foi condenado à forca.

1684

* **Beckman no Sertão do Alto Mearim**, óleo sobre tela de Antônio Parreiras.

Guerra dos Mascates

A Guerra dos Mascates ocorreu em Pernambuco, de 1710 a 1714, e foi motivada pela rivalidade entre os senhores de engenho de Olinda e os comerciantes portugueses de Recife, apelidados de **mascates**.

Os olindenses não gostaram da autonomia de Recife, gerada por seu desenvolvimento econômico. Assim, revoltaram-se e invadiram essa cidade.

Para acabar com as lutas, o governo português mandou um novo governador para a região. Recife tornou-se a capital da capitania de Pernambuco, ocupando o lugar de Olinda.

Revolta de Filipe dos Santos

A Revolta de Filipe dos Santos ocorreu em 1720, em Vila Rica, no atual estado de Minas Gerais, onde funcionavam muitas casas de fundição.

Os moradores, chefiados por Filipe dos Santos, revoltaram-se e exigiram que o governador mandasse fechar as casas de fundição e diminuísse os impostos.

O governador, apanhado de surpresa, fingiu atender aos pedidos, mas não cumpriu sua palavra e mandou seus soldados invadirem Vila Rica. Os chefes do movimento foram presos, Filipe dos Santos foi enforcado e seu corpo, esquartejado em praça pública.

1710   1720

O julgamento de Filipe dos Santos, óleo sobre tela de Antônio Parreiras, 1923.

● Inconfidência Mineira

A Inconfidência Mineira ocorreu em 1789, também em Vila Rica. Ela foi motivada pela decadência das minas de ouro e pela cobrança abusiva de impostos por parte da Coroa portuguesa.

Portugal exigia que um quinto de todo ouro encontrado nas minas lhe fosse enviado. Descontentes com essa situação, fazendeiros ricos e instruídos, donos de lavras e militares resolveram agir. Poucos integrantes do movimento não possuíam grandes riquezas. Um deles era Joaquim José da Silva Xavier, o Tiradentes.

No dia em que a revolta deveria estourar (o dia da derrama, no qual se cobravam os impostos atrasados), um membro dos revoltosos denunciou o que o grupo pretendia fazer.

Os inconfidentes foram julgados e condenados. A condenação de grande parte deles foi viver longe da América portuguesa; a de Tiradentes, a morte: no dia 21 de abril de 1792, ele foi enforcado e esquartejado.

Reprodução/Museu Histórico Nacional, Rio de Janeiro, RJ.

A leitura da sentença dos inconfidentes, pintura de Eduardo de Sá, 1921.

1789
Inconfidência
Mineira

1792
Assassinato
de Tiradentes

Atividades

1 Com base no que você aprendeu sobre o Primeiro Reinado, responda às questões.

a) Por que a Independência não foi aceita em algumas províncias?

....

....

b) Por que dom Pedro I não aceitou a Constituição que os políticos brasileiros estavam fazendo?

....

2 Pesquise quais as Constituições que o Brasil já teve. Depois, preencha a tabela a seguir:

1ª Constituição	2ª Constituição	3ª Constituição	4ª Constituição	5ª Constituição	6ª Constituição	7ª Constituição
Ano:	Ano:	Ano:	Ano:	Ano:	Ano:	Ano: ....
Governo de:	Governo de:	Governo de:	Governo de:	Governo de:	Governo de:	Governo de:

Saiba mais

A primeira Constituição brasileira foi imposta

Quando uma constituição é elaborada por uma Assembleia Constituinte, dizemos que ela foi promulgada. Quando uma constituição é imposta pelos governantes sem qualquer tipo de consulta ao povo, dizemos que ela foi outorgada. Foi o que ocorreu no Brasil após dom Pedro I ter dissolvido a Constituinte que se reuniu em 1823.

Nossa Constituição, de Álvaro de Vita. São Paulo: Ática, 1989. (Texto adaptado).

A oposição contra a forma autoritária como dom Pedro I governava cresceu durante o período em que esteve no poder. Em 1831, ele ==abdicou== do trono em favor de seu filho, dom Pedro de Alcântara, que tinha apenas 5 anos de idade, e partiu para Portugal.

Com essa idade, dom Pedro de Alcântara não podia governar o país. Adotou-se, então, o sistema de regências para administrar temporariamente o Brasil. Inicialmente, para cada regência, eram escolhidos três regentes entre as pessoas influentes e poderosas da época. Posteriormente, passou a ser escolhido apenas um.

● Conflitos e revoltas

O período das regências foi um dos mais difíceis da História do Brasil. Ocorreram várias revoltas em diferentes lugares. As mais importantes foram:

○ Guerra dos Farrapos, no Rio Grande do Sul (1835 a 1845);

○ Cabanagem, no Grão-Pará (1835 a 1840);

○ Sabinada, na Bahia (1837 a 1838);

○ Balaiada, no Maranhão e Piauí (1838 a 1841).

As causas dessas revoltas eram muitas: a falta de emprego, os impostos elevados, as dificuldades das províncias em vender seus produtos,

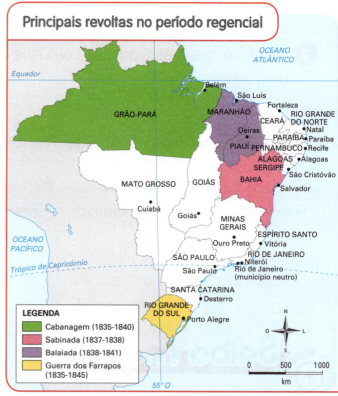

Principais revoltas no período regencial

LEGENDA
- Cabanagem (1835-1840)
- Sabinada (1837-1838)
- Balaiada (1838-1841)
- Guerra dos Farrapos (1835-1845)

Adaptado de: **Atlas História do Brasil**, de Flávio de Campos e Miriam Dolhnikoff. São Paulo: Scipione, 2000. p. 29.

a pobreza em que vivia grande parte da população, entre outras. Enfim, eram os mesmos problemas do Primeiro Império.

Para tentar acabar com os movimentos de insatisfação, em julho de 1840 os políticos brasileiros resolveram proclamar a maioridade de dom Pedro de Alcântara. Com apenas 14 anos, ele se tornou imperador do Brasil, com o título de dom Pedro II.

Atividades

1 Converse com os colegas e o professor e depois responda às questões.

a) Por que o Brasil foi governado por regentes?

....

....

....

b) O que foram as regências?

....

....

2 No período regencial, ocorreram várias revoltas em diferentes províncias. Quais foram os motivos dessas revoltas?

....

....

....

....

3 Em grupo, escolham uma das revoltas mencionadas na página anterior e façam uma pesquisa sobre esse acontecimento. Ao final, todos vão falar rapidamente o que descobriram para que a turma possa conhecer mais a respeito das revoltas do período regencial.

4 Descreva, com suas palavras, como terminou o período regencial.

....

....

....

....

Capítulo 16

Segundo Reinado (1840 a 1889)

O período em que dom Pedro II governou o Brasil foi chamado de **Segundo Reinado** ou **Segundo Império**.

Ele começou em 1840, com a antecipação da maioridade do imperador, e terminou em 15 de novembro de 1889, quando dom Pedro II foi deposto pelos militares na Proclamação da República.

Pedro II aos 12 anos de idade, óleo sobre tela de Félix Émile Taunay, 1837.

Museu Imperial de Petrópolis, RJ

● Conflitos e revoltas

Ao iniciar seu governo, dom Pedro II, além de ter de acabar com as revoltas que vinham ocorrendo desde o período regencial, enfrentou outras:

- Revolta Liberal, em São Paulo e Minas Gerais (1842);
- Revolução Praieira, em Pernambuco (1848 a 1850).

As duas foram contidas pelo militar Luís Alves de Lima e Silva, que mais tarde se tornaria o duque de Caxias.

Durante seu governo, dom Pedro II também enfrentou guerras contra alguns países vizinhos: Uruguai, Argentina e Paraguai. A maior delas foi a **Guerra do Paraguai**.

Saiba mais

Revolução Praieira

A Revolução Praieira foi promovida por pessoas que tinham enriquecido havia pouco tempo em Recife (na província de Pernambuco). Elas eram contrárias ao regime monárquico e queriam que o povo tivesse o direito de escolher os seus líderes. Aqueles que defendiam o fim da monarquia e o direito de voto eram chamados de liberais.

Guerra do Paraguai

A Guerra do Paraguai ocorreu entre 1864 e 1870.

Nessa época, o Paraguai era o país mais desenvolvido da América do Sul. Solano López, presidente do país, queria conquistar terras do Uruguai, da Argentina e do Brasil. Seu objetivo era criar o Grande Paraguai, aumentando o território de seu país e dando-lhe uma saída para o mar, a fim de facilitar o comércio.

Para combater os paraguaios, o Brasil, a Argentina e o Uruguai resolveram se unir e formaram a **Tríplice Aliança**, auxiliados financeiramente pela Inglaterra.

O Brasil e seus aliados venceram muitas batalhas. As mais importantes foram: a Batalha Naval do Riachuelo, a Batalha do Tuiuti e a Batalha de Uruguaiana.

A Guerra do Paraguai (1864-1870)

LEGENDA
- Território mato-grossense pretendido pelo Paraguai
- Território paraguaio anexado pela Argentina
- Ofensiva paraguaia
- Países da Tríplice Aliança
- Limites atuais
- Principais batalhas

Adaptado de: **Atlas histórico escolar**, de Manoel Maurício de Albuquerque e outros. Rio de Janeiro: MEC/Fename, 1996. p. 68-69, 74.

No final, os brasileiros invadiram Assunção, capital do Paraguai, e foram vitoriosos graças às forças da Tríplice Aliança.

Foram quase seis anos de uma guerra cruel, com uma enorme perda de vidas humanas.

A Guerra do Paraguai teve importantes consequências para o Brasil: o Exército brasileiro saiu da guerra fortalecido e valorizado. Por esse motivo, os militares passaram a acreditar que o país deveria deixar de ser governado por uma monarquia, pois os próprios militares poderiam governar o país.

A Inglaterra não participou diretamente da Guerra do Paraguai, mas enriqueceu vendendo armas.

Os países que participaram da guerra tiveram grandes prejuízos: o Paraguai saiu arrasado do conflito e até hoje não conseguiu recuperar-se totalmente; o Brasil ficou economicamente enfraquecido, pois foi obrigado a pedir empréstimos a outros países, principalmente à Inglaterra, aumentando a sua dívida externa.

Atividades

1 O que motivou a antecipação da coroação de dom Pedro de Alcântara como imperador do Brasil?

....

....

2 Complete a tabela com os eventos listados abaixo.

- Primeira Constituição do Brasil.
- Dom Pedro II foi coroado imperador do Brasil.
- Proclamação da Independência do Brasil.
- Abdicação de dom Pedro I.

1822	1824	1831	1840

3 Os grupos participantes da Revolução Praieira publicaram um documento chamado **Manifesto ao mundo** e nele colocaram algumas de suas propostas. Eles afirmavam que só largariam as armas quando vissem instalada uma Assembleia Constituinte que realizasse alguns princípios. Leia atentamente dois princípios do **Manifesto ao mundo**:

- O voto livre e universal do povo brasileiro.
- O trabalho como garantia de vida para o cidadão brasileiro.

a) Discuta-os com os colegas e o professor.

b) Depois elaborem um cartaz de um documento chamado "Manifesto ao mundo". Nele, citem alguns princípios que, na opinião de vocês, precisam ser seguidos por toda a humanidade, para que haja igualdade e justiça social no mundo.

4 Escolha um dos direitos ou deveres garantidos pela legislação em nosso país e responda às questões.

a) Esse direito ou dever é respeitado em sua cidade?

....

....

b) Esse direito ou dever é respeitado no Brasil?

....

....

c) O que você faz diariamente para que esse direito ou dever seja respeitado?

....

....

....

Saiba mais

A Constituição atual

A Constituição atual do Brasil foi criada e promulgada em 1988. Depois de muitos anos de ditadura, nosso país finalmente teve uma constituição democrática e justa, que atendia aos interesses de todos. Por isso, ela é chamada **Constituição Cidadã**. O que ainda é um problema é o modo como ela é aplicada, e se todos a respeitam ou não.

Ulysses Guimarães, que lutou contra a ditadura no Brasil e se tornou presidente da Assembleia Nacional, empunhando a Constituição de 1988, que ajudou a criar.

João Ramid/Arquivo da editora

Henfil/Acervo Ivan Constanza

A personagem da charge é a Graúna. Ela é uma criação do cartunista Henfil (1944–1988). Ela vive na caatinga e não tem um olhar crítico sobre as más condições de vida no lugar.

- Há algum avanço em ter a notícia de que existe uma vacina para o sarampo?

- Para você, há alguma diferença em saber que existe a vacina mesmo que ela não esteja disponível em sua região?

- Ao saber que existe uma vacina para prevenir uma doença, o que uma pessoa pode fazer para que ela esteja acessível a todos em sua comunidade?

- As leis podem auxiliá-la nessa tarefa? Como?

> Art. 6º São direitos sociais a educação, a saúde, a alimentação, o trabalho, a moradia, o lazer, a segurança, a previdência social, a proteção à maternidade e à infância, a assistência aos desamparados, na forma desta Constituição.
>
> Constituição da República Federativa do Brasil de 1988. Disponível em: <www.planalto.gov.br/ccivil_03/constituicao/constituicaocompilado.htm>. Acesso em: 4 fev. 2015.

- No lugar onde você vive os direitos listados ao lado na Constituição são assegurados a todas as pessoas?
- Há algum desses direitos que é desrespeitado? Como?

Fabio Sgroi/Arquivo da editora

- Todas as pessoas de sua família frequentaram a escola? Ela era aberta a todas as pessoas?
- Qual é a importância das leis para a garantia de uma escola aberta a todas as pessoas?

Desenvolvimento do Brasil no Segundo Reinado

OED

Durante o Segundo Reinado, o Brasil passou por várias transformações. O país se modernizou: os meios de transporte e de comunicação se desenvolveram, enquanto as primeiras indústrias foram instaladas. Após 1850, os trabalhadores imigrantes começaram a chegar ao Brasil. Houve também várias campanhas abolicionistas e, em 1888, a Abolição da Escravatura.

● O café no Brasil

49 cm x 34 cm. Coleção particular

Transporte de café, litografia colorida à mão de Jean-Baptiste Debret, século XIX.

Uma das causas do progresso brasileiro no século XIX foi a expansão e o sucesso do cultivo do café, a principal riqueza do Segundo Reinado.

O café foi trazido para o Brasil no século XVIII, vindo das Guianas. No começo, as primeiras mudas foram plantadas apenas no norte do país. Mais tarde, ele passou a ser cultivado no Rio de Janeiro e em São Paulo, onde encontrou clima e solo favoráveis a seu desenvolvimento, o que permitiu uma grande produção.

O café era vendido para outros países com muito lucro. A exportação do produto trouxe grande desenvolvimento para o país, e a nossa economia cresceu.

Os fazendeiros que plantavam café ficaram tão ricos que passaram a ser chamados de "barões do café".

O trabalho nas fazendas de café

O número de pessoas que trabalhavam nas fazendas de café era grande. Durante boa parte do Segundo Reinado, esse trabalho foi feito principalmente por africanos escravizados. As lavouras de café contaram também com a participação de trabalhadores imigrantes, que começaram a chegar ao Brasil após 1850, ano do fim do tráfico negreiro.

Embora o café fosse o produto brasileiro mais importante na época, exportavam-se também açúcar, algodão, cacau, borracha e fumo.

As lavouras cafeeiras dependiam da mão de obra escrava, adquirida por meio do tráfico com o continente africano.

Em 1850, o tráfico de negros foi proibido pela Lei Eusébio de Queirós. Como não podiam mais comprar escravos vindos da África, os fazendeiros de áreas de grande produção de café, como São Paulo e Rio de Janeiro, começaram a adquirir trabalhadores escravos por meio do tráfico interno com outras regiões do Brasil, especialmente do nordeste, que estava em fase de decadência econômica.

Mas, sem a entrada de novos negros escravizados no país e com a exigência de muito trabalho nos cafezais, a mão de obra disponível tornou-se insuficiente. Com isso, foi necessário buscar alternativas, como o incentivo à vinda de imigrantes.

Guilherme Gaensly/Arquivo Nosso Século

(*) Imigrantes trabalhando em colheita de café em Araraquara (SP), 1902.

Unidade 3

● Os primeiros imigrantes no século XIX

Com a Abolição da Escravatura, em 1888, a vinda de imigrantes para o Brasil aumentou muito.

Entre as primeiras décadas do século XIX e as primeiras décadas do século XX, quase 4 milhões de imigrantes vieram para o Brasil, a maioria em direção a São Paulo, por causa da expansão da lavoura cafeeira na região.

Eles eram principalmente italianos, espanhóis, portugueses, alemães e japoneses, além de grupos menores de outras nacionalidades.

Cada um desses povos trouxe inúmeras contribuições culturais para a sociedade brasileira.

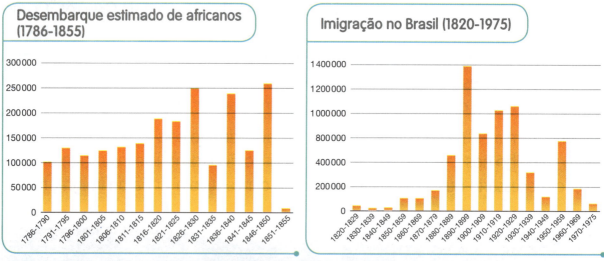

Fonte: **Brasil: 500 anos de povoamento**. Rio de Janeiro: IBGE, 2000.
Apêndice: Estatísticas de 500 anos de povoamento. p. 223-25.

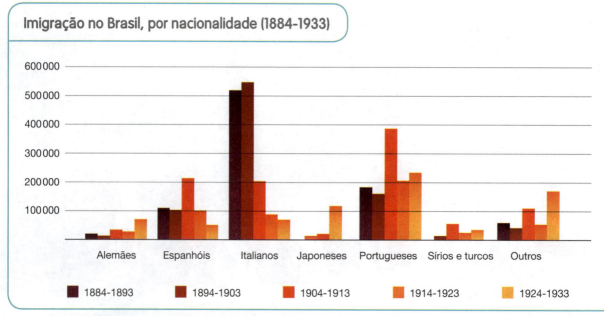

Fonte: **Brasil: 500 anos de povoamento**. Rio de Janeiro: IBGE, 2000.
Apêndice: Estatísticas de 500 anos de povoamento. p. 226.

O desenvolvimento das indústrias, dos transportes e das comunicações

As riquezas geradas pela venda do café e de outros produtos foram usadas para dar início às atividades industriais do Brasil. Muitos fazendeiros de café começaram a investir em fábricas, principalmente após a forte diminuição das exportações de café, no início do século XX.

Uma das pessoas que mais se destacaram nessa época, por suas ideias, foi Irineu Evangelista de Sousa, o **barão de Mauá**. Ele se preocupava com o desenvolvimento dos transportes, das comunicações e da indústria.

Primeira locomotiva brasileira, conhecida como Baronesa. Rio de Janeiro (RJ), 2013.

Com alguns ingleses e fazendeiros de café, o barão construiu a primeira ferrovia do Brasil, pela qual passou a primeira locomotiva brasileira, chamada de Baronesa.

Outras realizações do barão de Mauá foram:

o a criação de uma companhia de navegação a vapor, para fazer a ligação entre as cidades do litoral;

o a montagem de um estaleiro para a construção de navios;

o a iluminação a gás da cidade do Rio de Janeiro;

o a instalação de um cabo telegráfico submarino ligando o Brasil à Europa.

Saiba mais

O empreendedor do Império

O barão de Mauá foi um homem à frente do seu tempo. Ele defendia a modernização do país, que ainda vivia da agricultura e era dependente das antigas metrópoles europeias. Seu interesse em tornar o Brasil independente economicamente incomodou países como a Inglaterra, que via nesse crescimento uma concorrência.

Mauá também foi um dos personagens do Brasil Império que defenderam a Abolição da Escravatura. Seu pensamento empreendedor ajudou a modernizar o Brasil, que ainda era regido pela mentalidade dos senhores de engenho.

Atividades

1 Responda às questões abaixo.

a) Qual foi a principal riqueza econômica do Segundo Reinado?

....

b) Além do café, que outros produtos o Brasil exportava?

....

c) Quem foi Irineu Evangelista de Sousa? Como era conhecido?

....

....

2 Observe atentamente este mapa:

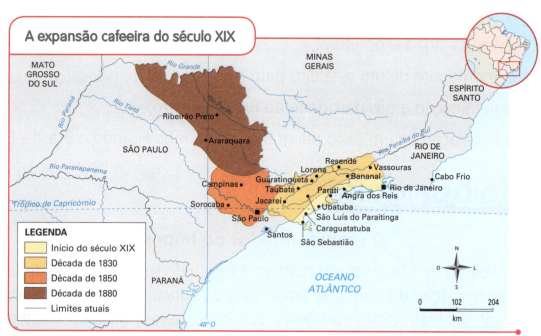

Atlas História do Brasil, de Flávio de Campos e Miriam Dolhnikoff. São Paulo: Scipione, 2000. p. 24.

o Tente explicar, com suas palavras, o que ele representa.

....

....

3 Os números **1**, **2** e **3** referem-se a produtos explorados ou produzidos no território brasileiro que enriqueceram Portugal. O número **4** refere-se ao principal produto de exportação do Brasil na época do Segundo Reinado.

○ Complete a cruzadinha com o nome de cada produto.

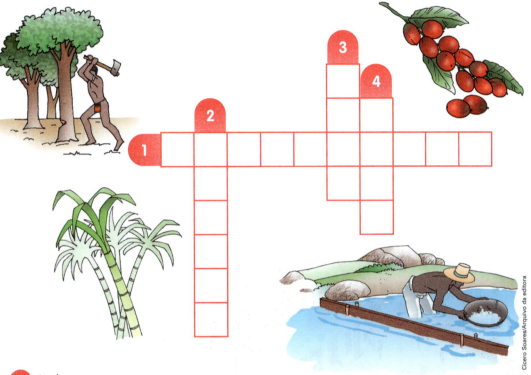

4 Leia este texto:

> Qualquer viajante que percorresse as terras paulistas há cem anos ficaria impressionado com a influência do café nas paisagens e na economia da região.
>
> A base da prosperidade localizava-se em fazendas imensas, com incontáveis fileiras de cafezais, imponentes casas-grandes, vastas senzalas e até mesmo alojamentos e pequenas casas de colonos livres. As diversas tarefas necessárias para a produção do café, desde a preparação do terreno até a separação das sementes, eram realizadas com técnicas rudimentares e muita mão de obra.
>
> **Jogos dos absurdos em História**, de A. J. Wood. São Paulo: Scipione, 1998. p. 31. (Zig Zag).

a) Pesquise como é feita a produção do café nos dias de hoje.

b) Depois, elabore um cartaz descrevendo tudo o que você descobriu a respeito do tema.

Capítulo 18

A escravidão no Brasil

Durante todo o período colonial e quase todo o período imperial, o território brasileiro se desenvolveu à custa do trabalho escravo. Os colonos portugueses aprisionaram indígenas para explorar o trabalho deles e depois traficaram africanos para trabalhar nas lavouras de cana-de-açúcar.

Os africanos eram trazidos de seu lugar de origem em navios negreiros. Ao chegar aqui, esses africanos eram vendidos como se fossem mercadorias.

Eles não tinham direitos que os defendessem das injustiças que sofriam. Deviam obedecer, senão eram duramente castigados.

Nas fazendas, viviam nas senzalas, que geralmente eram barracões escuros, sem conforto nem condições razoáveis de higiene.

* **Mercado de escravos no Recife**, aquarela de Zacharias Wagener, século XVII.

Resistência: os quilombos

Inconformados com essa situação, os africanos escravizados lutavam como podiam por sua liberdade. Em várias fazendas, eles pressionaram os senhores para acabar com os maus-tratos e para libertar os escravos. Entretanto, na maioria das vezes esses movimentos foram contidos por força policial.

Muitos africanos escravizados escapavam das fazendas e reuniam-se em povoações chamadas de **quilombos**, onde viviam livres, plantavam, colhiam e vendiam seus produtos.

O maior dos quilombos foi o dos Palmares, no atual estado de Alagoas, chefiado por Zumbi. Palmares existiu por muito tempo e chegou a ter uma população numerosa, mas foi destruído, em 1695, a mando do governo.

Período regencial (1831 a 1840)

A oposição contra a forma autoritária como dom Pedro I governava cresceu durante o período em que esteve no poder. Em 1831, ele abdicou do trono em favor de seu filho, dom Pedro de Alcântara, que tinha apenas 5 anos de idade, e partiu para Portugal.

Com essa idade, dom Pedro de Alcântara não podia governar o país. Adotou-se, então, o sistema de regências para administrar temporariamente o Brasil. Inicialmente, para cada regência, eram escolhidos três regentes entre as pessoas influentes e poderosas da época. Posteriormente, passou a ser escolhido apenas um.

● Conflitos e revoltas

O período das regências foi um dos mais difíceis da História do Brasil. Ocorreram várias revoltas em diferentes lugares. As mais importantes foram:

○ Guerra dos Farrapos, no Rio Grande do Sul (1835 a 1845);

○ Cabanagem, no Grão-Pará (1835 a 1840);

○ Sabinada, na Bahia (1837 a 1838);

○ Balaiada, no Maranhão e Piauí (1838 a 1841).

As causas dessas revoltas eram muitas: a falta de emprego, os impostos elevados, as dificuldades das províncias em vender seus produtos,

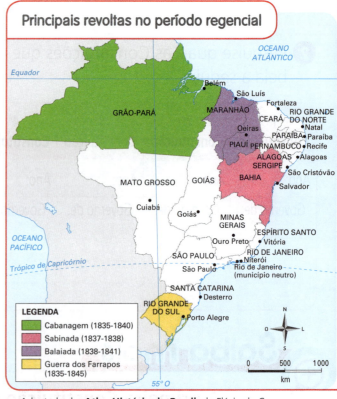

Principais revoltas no período regencial

LEGENDA
Cabanagem (1835-1840)
Sabinada (1837-1838)
Balaiada (1838-1841)
Guerra dos Farrapos (1835-1845)

Adaptado de: **Atlas História do Brasil**, de Flávio de Campos e Miriam Dolhnikoff. São Paulo: Scipione, 2000. p. 29.

a pobreza em que vivia grande parte da população, entre outras. Enfim, eram os mesmos problemas do Primeiro Império.

Para tentar acabar com os movimentos de insatisfação, em julho de 1840 os políticos brasileiros resolveram proclamar a maioridade de dom Pedro de Alcântara. Com apenas 14 anos, ele se tornou imperador do Brasil, com o título de dom Pedro II.

● Abolicionistas

Com o passar do tempo, surgiram movimentos contrários à escravidão. Muitos brasileiros livres se juntaram à causa dos escravizados para lutar pelo fim da escravidão. Eles eram chamados de **abolicionistas**. Mesmo entre aqueles que não se declaravam abolicionistas, havia muitas pessoas contrárias à escravização.

Graças à luta cotidiana dos negros escravizados, às campanhas abolicionistas e às manifestações da população, foram surgindo leis contrárias à escravidão:

o **Lei Eusébio de Queirós** (1850) – acabou com o tráfico (comércio) de pessoas escravizadas;

o **Lei do Ventre Livre** (1871) – deu liberdade aos filhos de negros escravizados nascidos a partir de 28 de setembro. No entanto, a criança permaneceria sob a guarda do proprietário de sua mãe até completar 21 anos;

o **Lei dos Sexagenários** ou **Saraiva Cotegipe** (1885) – libertava todos os negros escravizados com mais de 65 anos de idade;

o **Lei Áurea** (1888) – assinada em 13 de maio pela princesa Isabel, que havia assumido o trono em razão de uma viagem de seu pai, dom Pedro II. Essa lei aboliu definitivamente a escravidão no Brasil.

Logo após a Abolição, os ex-escravizados tiveram de enfrentar muitos problemas: não tinham terras e, portanto, não podiam trabalhar por conta própria na agricultura; e não conseguiam estudar, pois nas poucas escolas existentes estudavam somente os filhos de famílias ricas.

Escravos indo para roça, litografia sobre foto de Victor Frond, 1859.

Reprodução/Victor Frond

● As tradições africanas no Brasil

Como você estudou, a imigração africana para o Brasil foi intensa nos séculos XVIII e XIX. A cultura do país foi bastante marcada pelos hábitos e costumes desses negros trazidos para as terras brasileiras.

Lilia Tandaya/Profotos

Festa em homenagem a Iemanjá em Salvador (BA), 2007.

Os cultos religiosos, as danças e os ritmos musicais africanos são marcantes nas áreas que receberam maiores contingentes dessas populações. Eles se desenvolveram principalmente nas grandes cidades, onde o negro gozava de um pouco de autonomia e seu esforço por ascender socialmente obtinha algum resultado. Isso permitiu que os cultos, as danças e a música afro-brasileiros ganhassem cada vez mais importância.

A capoeira, o samba, as comidas típicas e a religião são algumas contribuições dos africanos deixadas e incorporadas pelo povo brasileiro ao longo dos anos de convivência.

Como exemplo de culto, temos o candomblé. Mas os africanos influenciaram grande parte das religiões praticadas no Brasil, como o catolicismo e o pentecostalismo.

A riqueza da cultura africana faz parte do dia a dia do brasileiro.

Antonio Scorza/Shutterstock/Glow Images

Apresentação de roda de capoeira em Salvador (BA), 2013.

# Atividades

1 Leia o texto abaixo e converse com os colegas e o professor sobre as informações que ele apresenta.

Em sessão no dia 29 de maio de 1856, o senador Manoel Pinto de Souza Dantas afirmava que o tráfico de africanos escravos foi "o maior mal que nos fizeram os portugueses; a escravatura é uma praga de que dificilmente nos poderemos livrar". Essa afirmação é ilustrativa porque nos permite perceber que a escravidão determinou, em boa medida, os rumos da modernização do Brasil.

É muito comum atribuirmos os nossos defeitos como país aos portugueses e ao tipo de colonização que nos impuseram. Convém lembrarmos, porém, que o Brasil foi o último país da América a libertar os escravos, e que isso só foi feito muito depois de nos libertarmos de Portugal!

Convém, portanto, concentrarmos nossa atenção no tipo de sociedade que os próprios brasileiros construíram – e que nós continuamos a construir. [...] No Brasil, há 500 anos vêm predominando as ideias de desigualdade, do uso da força para resolver conflitos entre pessoas e de que só alguns podem ser proprietários. Só muito recentemente alguns brasileiros começaram a aprender a lidar uns com os outros nas questões de propriedade, a procurar acordo em vez da força, e a estabelecer contratos entre partes nominalmente iguais. Essa demora vem barrando a modernização da sociedade brasileira [...].

O progresso e o crescimento material existiram, mas não foram sentidos e usufruídos por todos os setores da sociedade. Assim é a sociedade brasileira até hoje: ao mesmo tempo que consegue produzir riqueza, não consegue acabar com a miséria. Essa dificuldade só vai terminar quando todos os brasileiros pensarem e se comportarem baseados nos princípios da igualdade e do respeito entre as pessoas.

Escravidão e modernização no Brasil do século XIX, de Artur José Renda Vitorino.
São Paulo: Atual, 2000. (A vida no tempo).

○ Agora, responda: que título você daria a esse texto?

....

2 Com os colegas, pensem no que vocês julgam ser princípios de igualdade e respeito.

a) Elaborem um cartaz para divulgar essas ideias.

b) Depois, conversem novamente para descobrir o que vocês podem fazer para que esses princípios funcionem na prática. Anotem abaixo as conclusões a que chegaram.

_____

_____

_____

_____

_____

3 Pesquise sobre a existência de elementos da cultura africana em seu cotidiano:

a) no vocabulário:

_____

_____

_____

b) na música:

_____

_____

c) na alimentação:

_____

_____

d) na religião:

_____

_____

4 Imagine que você vive na época do Segundo Reinado e é abolicionista. Elabore uma lei para beneficiar os negros escravizados, libertando-os e dando-lhes condições de vida digna. Redija um texto defendendo a lei elaborada por você e mostrando por que ela é importante.

....
....
....
....
....
....
....
....
....
....
....
....
....
....
....
....
....
....
....
....

Utilizando uma câmera fotográfica

Uma das paixões de dom Pedro II foi a fotografia. Na história da fotografia no Brasil, ele é sempre destaque por ter sido o primeiro brasileiro a ter um daguerreótipo. Além de seus registros, ele colecionou milhares de imagens de outros fotógrafos, formando um grande acervo.

Atualmente as máquinas fotográficas são muito populares e grande parte das famílias utiliza alguma câmera para registrar seus momentos.

Liudmila & Nelson/Wikipédia

✱

O daguerreótipo foi um precursor das máquinas fotográficas modernas. Na foto, equipamento de 1839.

Apesar das mudanças nos equipamentos, ainda são essenciais para uma boa fotografia os conhecimentos sobre luz e sombra. Vamos fazer uma experiência sobre isso?

Material necessário

- câmera fotográfica
- papelão
- lanterna

Dirima/Shutterstock/Glow Images

✱

Os aparelhos celulares já são o principal meio de se tirar fotografia.

Como fazer

1. Reunidos em grupos, desenhem o contorno de um corpo no papelão. Esse vai ser o "modelo" de todas as fotos. Vocês podem desenhar elementos do rosto e roupas, e também decorá-lo com outros materiais.

2. Procurem locais na escola que tenham diferentes intensidades de iluminação. Algumas sugestões: áreas ensolarada e com sombra do pátio, depósito sem janelas, sala bem e mal iluminada.

3. Levem o molde de papelão para os locais selecionados e o fotografem em cada um dos locais. Experimentem diversas possibilidades: no pátio ensolarado, por exemplo, fotografem o boneco na sombra, de frente e na contraluz. No local mais escuro iluminem o boneco com a lanterna em diferentes posições. Vocês também devem registrar as imagens com e sem o uso de *flash*.

Fabio Sgroi/Arquivo da editora

4. Em sala de aula, comparem as fotografias realizadas. Escolham aquelas que representam cada uma das condições de iluminação e as numerem. O quadro abaixo vai ajudá-los na análise dos problemas apresentados por algumas delas quanto à iluminação.

Número da foto	Condições de iluminação	Resultados
1	Na contraluz, pátio ensolarado	Só é visível o contorno do boneco. Há muita luz em volta dele, então não dá para ver os detalhes.
2		
3		
4		
5		

Agora responda:

o Como a iluminação influenciou os resultados obtidos?

4

Brasil: período republicano

Vamos conversar?

- Que mudanças nesta escola estão representadas na ilustração?
- Essas mudanças estão relacionadas ao período republicano?

O que vou estudar?

- O Brasil República
- Governo Provisório
- República Velha
- Era Vargas
- República Populista
- Governos militares
- Nova República

Ilustra Cartoon/Arquivo da editora

Proclamação da República

Durante muito tempo, o Brasil foi uma monarquia. Como você já sabe, na monarquia quem governa é um rei ou imperador (ou uma rainha ou imperatriz) e o poder é hereditário, ou seja, ele geralmente passa de pai para filho após a morte ou renúncia do monarca. Dom Pedro II foi o último imperador do Brasil.

Em 15 de novembro de 1889 nosso país deixou de ser uma monarquia e passou a ser uma república.

A república é uma forma de governo em que os governantes são escolhidos pelo povo, por meio do voto direto ou indireto, em eleições periódicas. O **mandato** dos governantes é por tempo determinado (geralmente quatro anos).

● O fim da monarquia

Dom Pedro II pensava em deixar o trono para sua filha, a princesa Isabel. A princesa, porém, era casada com o conde d'Eu, um nobre francês, e os brasileiros não aceitavam a ideia de ter um estrangeiro governando o país.

Descontentes com o andamento do governo monárquico no Brasil, os brasileiros acreditavam que a república era a melhor forma de organizar o país e faziam críticas a dom Pedro II.

Proclamação da República, óleo ✳ sobre tela de Benedito Calixto, 1893.

Sonia Parma/Secretaria Municipal de Cultura – Centro Cultural São Paulo

Os mais insatisfeitos eram:

- os fazendeiros, que se sentiram prejudicados com a Abolição da Escravatura, porque tiveram de passar a pagar os trabalhadores;

- os militares, que, depois da Guerra do Paraguai, se fortaleceram como grupo, tiveram contato com novas ideias e passaram a defender a república;

- os bispos, que entraram em conflito com o governo, acusando dom Pedro II de proteger os padres que desobedeciam às ordens da Igreja, pois participavam de uma sociedade secreta chamada maçonaria, da qual o imperador era membro.

Em 1870, formou-se um partido favorável ao fim da monarquia, o **Partido Republicano**, do qual faziam parte homens notáveis da época, como Benjamim Constant, Quintino Bocaiuva, Rui Barbosa, Campos Sales, entre outros. Associações, como clubes e jornais, divulgavam abertamente as ideias em favor da Proclamação da República.

No dia 15 de novembro de 1889, as tropas do Exército, chefiadas pelo marechal Deodoro da Fonseca, tomaram o poder, declarando o fim da monarquia. O próprio marechal Deodoro da Fonseca foi escolhido para ser o primeiro presidente da República. Dom Pedro II foi intimado a deixar o país.

O povo viu as tropas desfilando nas ruas, mas novamente não sabia do que se tratava, pois não participou diretamente do movimento. Somente os representantes das elites tomaram parte dele.

Capa do terceiro número do jornal **A República**, em 8 de dezembro de 1870. No primeiro número desse jornal foi publicado o Manifesto Republicano, redigido por membros do Partido Republicano.

A Proclamação da República, portanto, foi uma decisão militar e não teve participação do povo. O objetivo dos membros era seguir o exemplo dos demais povos americanos, dos quais o Brasil, por causa do sistema imperial, estava isolado.

Marechal Deodoro da Fonseca

● O Brasil República

Os historiadores e outros estudiosos dividem a história em períodos para facilitar o estudo e a compreensão de tudo o que aconteceu. Da mesma forma, a República brasileira costuma ser dividida em vários períodos.

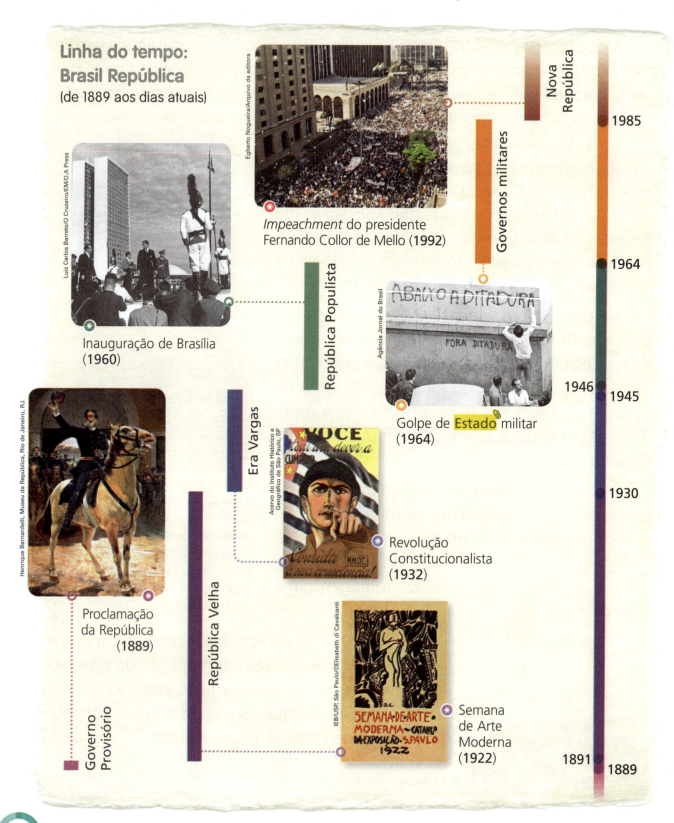

Linha do tempo: Brasil República
(de 1889 aos dias atuais)

Inauguração de Brasília (1960)

Impeachment do presidente Fernando Collor de Mello (**1992**)

Golpe de Estado militar (**1964**)

Proclamação da República (**1889**)

Revolução Constitucionalista (**1932**)

Semana de Arte Moderna (**1922**)

Nova República

Governos militares

República Populista

Era Vargas

República Velha

Governo Provisório

1985

1964

1946 — 1945

1930

1891 — 1889

Henrique Bernardelli, Museu da República, Rio de Janeiro, RJ.

Luiz Carlos Barreto/O Cruzeiro/EM/D.A Press

Egberto Nogueira/Arquivo da editora

Agência Jornal do Brasil

Acervo do Instituto Histórico e Geográfico de São Paulo, SP

IEB/USP, São Paulo/©Elisabeth di Cavalcanti

Atividades

1 Observe a imagem.

o Agora, responda: que tipo de documento é esse? A que época ele pertence?

....

....

2 O Brasil passou de monarquia a república em 15 de novembro de 1889. Converse com os colegas e o professor:

o Qual é a diferença entre essas duas formas de governo?

Primeira página do jornal **Correio do Povo**, no dia seguinte à Proclamação da República, em 1889.

3 Ligue as definições da coluna da direita aos termos monarquia ou república.

Monarquia

República

Forma de governo em que há um rei ou um imperador como chefe.

Forma de governo em que o governante do país é eleito.

Forma de governo vigente no Brasil durante a maior parte do século XIX.

Forma de governo em que o governante permanece no poder até morrer.

Forma de governo em que há um presidente dirigindo o país.

Forma de governo adotada hoje no Brasil.

Forma de governo estabelecida no Brasil logo após a Independência.

No dia 15 de novembro de 1889, depois da Proclamação da República, um grupo liderado pelo marechal Deodoro da Fonseca organizou um governo provisório que durou até 1891.

Reprodução/Coleção Presidência da República do Museu da República, Palácio do Catete, RJ.

* **A Pátria**, óleo sobre tela de Pedro Bruno, 1919.

Algumas medidas tomadas nesse período foram:

- a criação da primeira constituição da República brasileira, que ficou pronta em 24 de fevereiro de 1891;

- a criação da bandeira republicana (no dia 19 de novembro);

- a criação do registro de nascimento e do casamento civil;

- a instituição do direito de todos os estrangeiros residentes no Brasil se tornarem cidadãos brasileiros, se assim desejassem.

A Constituição de 1891, também chamada de Carta Magna ou Lei Maior, estabelecia que o primeiro presidente e seu vice seriam eleitos pelos representantes do Congresso Nacional por meio de uma eleição indireta. Assim, no dia 25 de fevereiro de 1891, o marechal Deodoro da Fonseca foi eleito presidente e o marechal Floriano Peixoto, vice-presidente.

Na **eleição indireta** apenas os representantes do Congresso Nacional podem votar. Já na **eleição direta** é o povo que vota.

Atividades

1 Responda às questões abaixo.

a) Quem foi o primeiro presidente do Brasil?

....

b) De que forma ele foi eleito?

....

c) Nos dias atuais, as eleições para presidente no Brasil são indiretas? Por quê?

....

d) Quem é o atual presidente da República?

....

2 Leia o texto a seguir:

> Proclamada a República no Brasil, o marechal Deodoro da Fonseca assumiu o comando do país.
>
> Enquanto não havia eleições para presidente e para o Congresso Nacional (senadores e deputados), existia um governo provisório chefiado pelo marechal Deodoro, não havia Congresso, os governadores eram nomeados pelo militar e a lei estabelecia que qualquer pessoa que fizesse oposição ao governo poderia ser presa imediatamente...
>
> Era esse um bom começo da República?

o Discuta o assunto com os colegas. Depois responda à questão proposta no final do texto.

....

....

....

República Velha (1891 a 1930)

A **Primeira República**, ou **República Velha**, começou depois do Governo Provisório e terminou em 1930. Nesse período, o Brasil foi governado por presidentes indicados principalmente pelos estados de Minas Gerais e São Paulo.

Esses dois estados dominavam a vida política e econômica do país, já que tinham as maiores populações e, consequentemente, as maiores rendas. Por isso, dizemos que o governo da República Velha era **oligárquico** (governo em que poucas pessoas ou famílias se revezam no poder). Foi uma época marcada pelo domínio dos coronéis.

Durante a República Oligárquica, em geral um presidente paulista era sucedido por um mineiro, e um mineiro, por um paulista. Esse esquema de governo era chamado de **política do café com leite** porque em São Paulo plantava-se muito café e em Minas Gerais havia grande produção de leite.

Charge de Storni/Fundação Biblioteca Nacional, Rio de Janeiro, RJ.

✳ A charge ironiza a política do café com leite. Nela, podemos observar políticos de São Paulo e Minas Gerais em posse da cadeira da Presidência da República, enquanto os políticos dos outros estados tentam, em vão, chegar à cadeira.

● Economia e política

A tentativa de industrialização

Durante a República Velha, o café continuou sendo a principal atividade econômica do país. Mas ter destaque apenas na agricultura deixava o Brasil numa posição de atraso em relação aos outros países, principalmente os europeus, que vendiam produtos industrializados.

Por isso, o governo incentivou a instalação de novas indústrias no Rio de Janeiro e em São Paulo. A chegada da indústria e a modernização do comércio, no entanto, efetivaram-se lentamente, pois não interessavam aos fazendeiros, que lucravam com a agricultura e a criação de gado.

Autor desconhecido/IMS, São Paulo, SP.

Inauguração do Palácio dos Correios, em São Paulo (SP), cerca de 1920. O desenvolvimento do sistema de correios evidencia os primeiros passos da modernização do comércio brasileiro.

Definição do território brasileiro

Na República Velha foram definidos os limites territoriais entre o Brasil e outros países pelo barão do Rio Branco. Desde essa resolução, o Brasil apresenta a forma e o tamanho que tem atualmente.

Saiba mais

Os coronéis

O título de coronel vinha da antiga Guarda Nacional do Império e era concedido a líderes locais – em geral, grandes proprietários de terras. Como o Brasil era um país agrícola, durante a República Velha a maioria da população brasileira vivia na zona rural ou em povoados e pequenas cidades, onde o poder dos coronéis era imenso. Os coronéis não controlavam apenas as eleições. Também distribuíam favores, cumprindo funções que o próprio Estado não cumpria. Em troca, exigiam o voto da pessoa a quem ajudavam.

Aprendendo História e Geografia, de César Coll e Ana Teberosky. São Paulo: Ática, 2000.

● Revoltas e conflitos

Guerra de Canudos (1896)

No sertão da Bahia havia uma comunidade chamada **Canudos**, que era liderada por Antônio Conselheiro, uma espécie de líder religioso. Enquanto a população baiana sofria com a exploração promovida pelos fazendeiros e com a miséria, o povoado de Canudos tinha conseguido se transformar numa comunidade sustentável. Os fazendeiros, descontentes com essa autonomia, lideraram ataques a Canudos, que foi completamente destruída e incendiada.

Reprodução/Fundação Biblioteca Nacional, Rio de Janeiro, RJ.

Arraial de Canudos, desenho de Urtiga, cerca de 1895.

Revolta da Vacina (1904)

Para combater a febre amarela e a varíola, principalmente no Rio de Janeiro, o médico Oswaldo Cruz, a mando do governo, organizou uma campanha de vacinação geral e obrigatória. As pessoas, irritadas com a falta de informação sobre o que estava acontecendo e com a abordagem agressiva durante a aplicação da vacina, revoltaram-se contra a vacinação coletiva.

Guerra do Contestado (1912-1916)

A população da região da fronteira entre Paraná e Santa Catarina sofria com a falta de regularização da posse de terras. O governo não se importava com a região e parecia ter se esquecido dela. Foi então que seus moradores (especialmente os caboclos) decidiram se unir para combater o governo. Eles foram liderados por monges que afirmavam que aquela era uma guerra santa.

Atividades

1 Marque um **X** nas alternativas corretas.

a) Durante a República Velha, o Brasil era um país:

◯ agrícola   ◯ industrial

b) A forma de governo na República Velha era:

◯ monárquica   ◯ oligárquica

2 Leia abaixo o trecho de uma letra de canção a respeito de Canudos.

> [...] Eu também sou
> A imagem de um guerreiro
> Sou filho de nordestino
> Da terra do Conselheiro
>
> Há muito anos
> Foi essa história passada
> Canudos que já foi tudo,
> Canudos que virou nada [...]
>
> **A imagem de um guerreiro**, de José Pereira da Silva (Zequinha do Violão).
> Música da celebração popular pelos mártires de Canudos (1984/1998).

○ Agora é a sua vez! Junte informações sobre como era a vida em Canudos e quem foi Antônio Conselheiro. Em seguida, faça um pequeno poema.

3 Faça uma pesquisa sobre o Rio de Janeiro da época de Oswaldo Cruz e responda às questões.

a) Como o povo da cidade do Rio de Janeiro reagiu às medidas do governo no combate à varíola em 1904?

....

....

b) Por que você acha que a população reagiu dessa forma? Discuta em sala de aula e depois redija sua resposta.

....

....

Era Vargas (1930 a 1945)

● O golpe de Estado

Na eleição presidencial de 1930, de acordo com a política do café com leite, um mineiro deveria ser indicado ao governo. No entanto, o presidente Washington Luís apoiou outro paulista, Júlio Prestes, que venceu as eleições.

A Aliança Liberal, que era formada pelos estados descontentes (Minas Gerais, Rio Grande do Sul e Paraíba) e que havia indicado como candidato o gaúcho Getúlio Vargas, não aceitou a vitória de Júlio Prestes e organizou um golpe para assumir o poder. Esse fato ficou conhecido como **Revolução de 1930**.

O golpe de Estado possibilitou a Getúlio Vargas tomar o poder, em 1930, e governar o país até 1945.

O governo de Getúlio Vargas costuma ser dividido em três fases:

- Governo Provisório (1930 a 1934);
- Governo Constitucional (1934 a 1937);
- Estado Novo (1937 a 1945).

Getúlio Vargas

● Governo Provisório (1930 a 1934)

O Governo Provisório foi um período que se iniciou logo após o golpe de Estado promovido pela Aliança Liberal.

A economia cafeeira vivia um período de crise; assim, para tentar resolver esse problema econômico, Getúlio proibiu a plantação de café por três anos e mandou queimar os estoques em armazéns com o intuito de tornar o café um produto mais caro.

Além disso, criou o Ministério do Trabalho e o Ministério da Educação e Saúde e promulgou algumas leis trabalhistas.

Durante esse governo, ocorreu a Revolução Constitucionalista de 1932, na qual os paulistas exigiam uma nova constituição para o país.

● Governo Constitucional (1934 a 1937)

No Governo Constitucional, Getúlio Vargas promulgou a Constituição de 1934, que estabeleceu o salário mínimo e as férias remuneradas para os trabalhadores, instituiu o voto feminino e determinou o ensino obrigatório e gratuito para as crianças.

● O Estado Novo (1937 a 1945)

Em 1937, Getúlio Vargas, com o apoio dos militares, impediu que houvesse uma nova eleição para a Presidência e iniciou uma ditadura no Brasil. Nessa forma de governo, todas as decisões são tomadas pelo chefe de Estado e não há a participação do povo.

Com o golpe, Getúlio anulou a Constituição existente e impôs outra, que lhe concedia plenos poderes para governar o Brasil.

O país atravessou um período de falta de liberdade e perseguições políticas. Nessa fase do governo getulista, ocorreram:

- o fim dos partidos políticos;
- a instalação da Usina Siderúrgica de Volta Redonda, no Rio de Janeiro, para fabricação de aço;
- o início da exploração de petróleo no Brasil, com a descoberta do primeiro poço, na Bahia;
- a participação do Brasil na Segunda Guerra Mundial.

Getúlio Vargas em evento oficial na data de entrada em vigor da Consolidação das Leis do Trabalho, que regulamentou as condições de trabalho no país. Rio de Janeiro (RJ), 1943.

Foi só no início de 1945, em São Paulo, que as pessoas começaram a se manifestar de forma mais organizada pelo fim da ditadura imposta por Vargas e pelos militares.

O governo já estava enfraquecido, por causa do envolvimento brasileiro na Segunda Guerra Mundial. Por isso, os militares, que ainda tinham poder, obrigaram Vargas a renunciar. No mesmo ano, Eurico Gaspar Dutra foi eleito por eleições diretas, ou seja, pelo voto da população.

Unidade 4

Atividades

1 Responda às perguntas abaixo.

a) O que foi a Era Vargas?

....

b) Por que ocorreu a Revolução de 1930?

....

....

c) O que fez Getúlio Vargas, em 1937, para se manter no poder?

....

....

2 Observe as fotografias a seguir. Elas retratam alguns fatos ocorridos no Brasil em diferentes épocas.

o Escreva abaixo das fotos o que elas representam: democracia ou ditadura.

Arquivo/Agência O Globo

✳ Tanques circulando no Rio de Janeiro (RJ) após o golpe militar de 31 de março de 1964, que deu início ao período dos governos militares no Brasil.

Lucas Lacaz Ruiz/Fotoarena/Folhapress

....

✳ Urna eletrônica usada nas eleições.

....

3 Assinale abaixo as afirmativas verdadeiras.

○ Duas conquistas trabalhistas estabelecidas pela Constituição de 1934 foram a criação do salário mínimo e das férias remuneradas.

○ O presidente Getúlio Vargas implantou no Brasil uma ditadura, isto é, um governo autoritário.

○ Em um governo democrático o povo não tem o direito de votar nos candidatos às eleições.

○ A Constituição de 1937 foi outorgada, isto é, foi feita para que Getúlio Vargas mandasse sozinho e com as próprias leis.

○ A ditadura garante os direitos e a liberdade do cidadão.

Saiba mais

Censura na Era Vargas

Com a implantação da ditadura, Getúlio Vargas passou a ter poderes absolutos para governar o Brasil. O país passou a viver um período de falta de liberdade e de severas perseguições políticas. Para censurar os meios de comunicação e fazer com que eles promovessem propagandas positivas do governo, foi criado o Departamento de Imprensa e Propaganda (DIP). Para perseguir as pessoas que criticavam o governo, foi criada a Polícia Secreta.

Capa da cartilha **Getúlio Vargas para crianças**.

CPDOC/Fundação Getúlio Vargas

A cartilha aplicada nas escolas também foi um instrumento do governo Vargas para tentar fazer com que as pessoas apoiassem a ditadura desde a infância.

República Populista (1946 a 1964)

Com a renúncia de Getúlio Vargas e a eleição de Eurico Gaspar Dutra (em 1945) teve início, em 1946, outro momento da República brasileira. Os presidentes passaram a ser eleitos pelo povo e o país adotou uma política democrática.

Os presidentes do período conhecido como República Populista foram:

Eurico Gaspar Dutra (1946 a 1951).

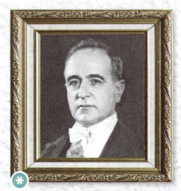

Getúlio Vargas (1951 a 1954).

João Café Filho (1954 a 1955). Era vice de Getúlio Vargas e assumiu o poder quando o presidente se suicidou.

Carlos Luz (8 a 11 de novembro de 1955). Era presidente da Câmara dos Deputados.

Nereu Ramos (1955 a 1956). Substituiu Carlos Luz, deposto num golpe de Estado.

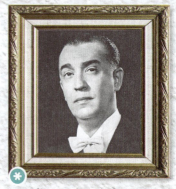

Juscelino Kubitschek (1956 a 1961).

Jânio Quadros (31 de janeiro a 25 de agosto de 1961). Renunciou à Presidência.

Pascoal Ranieri Mazzilli (25 de agosto a 7 de setembro de 1961). Era presidente da Câmara dos Deputados.

João Goulart (1961 a 1964). Era vice-presidente de Jânio Quadros e assumiu quando este renunciou.

Fotos: Galeria de Presidentes/Governo do Brasil

Prédio do Congresso Nacional em construção, em Brasília (DF), 1960.

Os principais acontecimentos desse período foram:

o a promulgação de nova Constituição, em 1946, baseada nos ideais de-
mocráticos;

o a criação da Petrobras (empresa de exploração de petróleo) no governo
de Getúlio Vargas;

o a instalação da indústria automobilística no país;

o a construção da cidade de Brasília, nova capital do Brasil, inaugurada em
1960.

Embora essas realizações tenham impulsionado o desenvolvimento econômico do país, elas não beneficiaram grande parte da população brasileira.

Saiba mais

O que mudou e o que permaneceu após o fim da ditadura

A Constituição, aprovada em 1946, recuperou a antiga forma republicana
de governo, com presidente, Senado e Câmara dos Deputados. E garantiu o
voto secreto e universal (mulheres inclusive). Mas alguns aspectos da ditadura
getulista permaneceram: o presidente da República manteve bastante poder,
os sindicatos continuaram submetidos ao Estado e as grandes propriedades de
terra continuaram intocadas.

Aprendendo História e Geografia, de César Coll e Ana Teberosky. São Paulo: Ática, 2000. (Texto adaptado).

Unidade 4

● O retorno de Getúlio Vargas à Presidência

Getúlio Vargas voltou ao poder em 1951, dessa vez eleito pelo voto direto do povo. Mas uma grave crise política fez com que ele não terminasse seu mandato.

Prestes a ser novamente deposto do poder, Getúlio Vargas suicidou-se. O fato ocorreu em 24 de agosto de 1954, no Palácio do Catete. Com a carta-testamento deixada por ele, Getúlio conseguiu mudar radicalmente a opinião negativa que a população tinha a seu respeito.

● Juscelino Kubitschek: "50 anos em 5"

Em 1956, Juscelino Kubitschek (também chamado de JK) assumiu a Presidência da República. O ponto mais marcante de seu governo foram as ações para promover o desenvolvimento econômico do país. Ficou famoso o lema "50 anos em 5", segundo o qual o Brasil iria crescer o equivalente a 50 anos em apenas 5 anos, tempo de mandato de Juscelino.

Em um de seus discursos, referindo-se à construção de Brasília, JK disse:

"Deste Planalto Central, desta solidão que em breve se transformará em cérebro das mais altas decisões nacionais, lanço os olhos mais uma vez sobre o amanhã do meu país e antevejo esta alvorada, com fé inquebrantável e uma confiança sem limites no seu grande destino.".

✱
O Memorial JK foi construído em homenagem a Juscelino Kubitschek. Brasília (DF), 2013.

Rubens Chaves/Pulsar Imagens

Brasília foi planejada e construída para ser a capital do país. Sua inauguração ocorreu em 21 de abril de 1960.

No governo JK, houve grande incentivo à entrada de empresas multinacionais no país, sobretudo no setor automobilístico. Embora a economia tenha crescido muito durante seu governo, esse crescimento custou ao Brasil muitas dívidas com outros países, além de uma queda na distribuição de renda.

● A renúncia de Jânio Quadros e a deposição de João Goulart

Eleito em 1961, Jânio Quadros governou o Brasil por sete meses. Em agosto de 1961, renunciou à Presidência. O vice-presidente João Goulart assumiu seu lugar e tentou realizar reformas sociais e econômicas para resolver a difícil situação em que se encontrava o país.

Posse de Jânio Quadros, ao centro, na Presidência da República, em Brasília (DF), 1961. À direita, está Juscelino Kubitschek; à esquerda, João Goulart, então vice-presidente.

Pictorial Parade/Getty Images

A política de João Goulart desagradava a muitos setores da sociedade. A população pobre, que não se beneficiava com o desenvolvimento industrial, mostrava cada vez mais revolta. As elites nacionais e internacionais, que patrocinavam o desenvolvimento econômico, desejavam que alguém contivesse essa população que ameaçava seus privilégios e sua estabilidade.

Aproveitando-se desse insucesso do governo, os militares uniram-se para tirar João Goulart da Presidência. Em 31 de março de 1964, depuseram o presidente por meio de um golpe e assumiram o governo. Iniciou-se, pela segunda vez no Brasil, um período de ditadura.

Atividades

1 Responda às perguntas abaixo.

a) Como é chamado o período da República brasileira compreendido entre os anos de 1946 e 1964?

....

b) Quem foi o primeiro presidente da República Populista e quando ele foi eleito?

....

....

c) O que aconteceu no dia 31 de março de 1964? Que consequência isso trouxe para o Brasil?

....

....

....

2 Neste capítulo, você viu que o crescimento econômico nem sempre traz melhorias diretas para toda a população. Geralmente, as classes mais pobres são as que menos sentem melhorias nessa situação. Existe outro tipo de desenvolvimento, também muito importante, com o qual os governantes devem realmente se preocupar: o desenvolvimento humano.

Para avaliar o avanço de uma população, não se deve considerar apenas a situação econômica, mas também características sociais, culturais e políticas que influenciam a qualidade da vida humana. Foi por isso que surgiu o Índice de Desenvolvimento Humano (IDH).

o Com um grupo de colegas, pesquisem o que é o desenvolvimento humano e como os governantes atuais lidam com ele. Ao final da pesquisa, faça panfletos com informações sobre o tema.

Capítulo 23 – República Populista (1946 a 1964)

Como foi a construção de Brasília?

As primeiras obras da cidade começaram em 1956, mas a ideia de estabelecer a capital do Brasil no interior do país nasceu ainda no século XVIII. Os inconfidentes mineiros, que lutavam por nossa independência de Portugal, queriam que a capital da república imaginada por eles fosse a cidade de São João del-Rei (MG). A ideia não foi adiante nem mesmo após a independência ter sido conquistada, em 1822, mas planos para levar o centro administrativo do país para o interior continuavam existindo. Por volta de 1839, o historiador Francisco Adolfo de Varnhagem reiniciou a luta pela transferência, propondo que uma nova capital fosse construída na região onde hoje fica a cidade de Planaltina (GO), bem perto de onde Brasília acabaria sendo construída mais de um século depois. [...]

Na primeira Constituição da República, promulgada em 1891, foi incluído um artigo que dizia: "Fica pertencendo à União, no planalto central da República, uma zona de 14 400 quilômetros quadrados, que será oportunamente demarcada para nela estabelecer-se a futura capital federal". Obstáculos políticos, econômicos e logísticos retardaram o projeto por décadas, até que, em meados dos anos 1950, quando iniciou sua campanha à Presidência, Juscelino Kubitschek incluiu a construção da nova capital como prioridade no seu plano de governo.

Com Juscelino eleito presidente, a cidade finalmente deixaria de ser apenas um artigo da Constituição para se tornar uma realidade. "Além da arquitetura, que através dos projetos arrojados dos edifícios públicos deveria projetar as imagens do futuro da nação, a própria vida em Brasília deveria contribuir para a construção de uma imagem de modernidade", afirma a socióloga Margarida Limena, da Pontifícia Universidade Católica de São Paulo (PUC-SP). Em 21 de abril de 1960 uma festa na Praça dos Três Poderes marcou a inauguração oficial da nova capital.

Como foi a construção de Brasília, de Roberto Navarro. **Mundo Estranho**, São Paulo, Abril, ed. 16, jun. 2013. Disponível em: <http://mundoestranho.abril.com.br/materia/como-foi-a-construcao-de-brasilia>. Acesso em: 24 out. 2014.

Vista da construção de Brasília (DF), 1959.

Reprodução/Folhapress

Governos militares (1964 a 1985)

OED

Com o golpe militar de 31 de março de 1964, os militares forçaram João Goulart a sair da Presidência e passaram a governar o Brasil.

Foram 21 anos de ditadura militar, nos quais o autoritarismo determinou os rumos políticos do país.

Após o golpe, o desfile dos tanques representou o poder dos militares sobre o país.

Todos os presidentes, nessa época, foram eleitos indiretamente por um ==colégio eleitoral==, que, na realidade, apenas confirmava o nome do candidato imposto pelos militares.

● Um governo pautado pelo dinheiro

Segundo as elites, os principais problemas durante o governo João Goulart eram a estagnação da economia – ou seja, a falta de crescimento – e a demanda das classes populares, que queriam ter seus direitos atendidos.

Para amenizar essa situação, o governo militar se concentrou em investir no crescimento econômico a qualquer custo, incentivar o consumo e repreender violentamente todos os que se opusessem ao governo.

● O "milagre econômico"

O Brasil havia se endividado com os Estados Unidos no governo de Juscelino Kubitschek. Durante o regime militar, essa dependência financeira aumentou.

O governo norte-americano ajudou a financiar a política da ditadura militar. O dinheiro usado para criar indústrias no Brasil, por exemplo, veio de empresas estrangeiras. Como consequência foi difundido o estilo de vida dos Estados Unidos entre os habitantes do nosso país – principalmente por meio do incentivo ao consumo de produtos industriais.

O crescimento rápido da economia brasileira gerou o aumento do consumo e a expansão dos centros comerciais, como os *shopping centers*.

Entre os anos de 1968 e 1973, os centros de compras se proliferaram, em consequência de um alto nível de consumo. Esse momento foi chamado, pelo próprio governo, de "milagre econômico".

Mas a ideia do "milagre econômico" não foi suficiente para sustentar o regime militar. Muitas pessoas perceberam que o governo havia acabado com a democracia, permitia que as empresas estrangeiras tomassem conta dos rumos da nação e incentivava as pessoas a gastar dinheiro com produtos supérfluos, que davam lucro às multinacionais.

Antônio Nery/Agência O Globo

Uma das estratégias dos governos militares para estimular o crescimento econômico foi o investimento em grandes obras de transporte e energia. Na imagem, vemos a ponte Rio-Niterói em construção (RJ), 1973.

● A repressão política

Diante das críticas da população descontente com o sistema político, os militares lançaram atos institucionais, documentos que fortaleciam os poderes do presidente. Assim, ele podia baixar decretos sem precisar de aprovação do Congresso. Além disso, os atos institucionais censuravam os meios de comunicação e, de certa maneira, legalizavam a tortura (ao permitir qualquer forma de interrogatório que favorecesse a repressão aos opositores).

Um dos órgãos responsáveis pela repressão foi o Departamento de Ordem Política e Social (Dops). Para perseguir e desmoralizar os opositores ao governo, o Dops se encarregava de manipular as informações e dizer à população que os opositores ameaçavam a ordem pública e a família brasileira.

Saiba mais

O fim das manifestações públicas

Cerca de meio milhão de pessoas saíram às ruas em 19 de março de 1964, em São Paulo, para clamar pela derrubada do governo constitucional de Jango [João Goulart]. Uma das faixas dizia "Nossa Senhora Aparecida, iluminai os reacionários".

A Marcha da Família com Deus pela Liberdade foi o sinal definitivo de que grande parte das classes média e alta do Brasil – representadas pela burguesia paulista – era favorável ao golpe [que daria início à ditadura militar]. Após a tomada do poder pelos militares, as grandes manifestações públicas foram banidas, com exceção da Marcha da Vitória, em 1964, com cerca de 1 milhão de pessoas, para saudar o novo regime.

Essa foi uma das últimas vezes que as pessoas puderam sair livremente às ruas. As manifestações que vieram a seguir – todas contrárias ao novo governo – foram duramente reprimidas. Ainda assim, duas saíram às ruas – ambas em 1968, o mais rebelde dos anos. Em 29 de março, 50 mil pessoas acompanharam o enterro do estudante Édson Luís, morto pela polícia, no Rio de Janeiro. Em 26 de junho, ainda em consequência da morte do estudante, houve a Passeata dos Cem Mil, no Rio. Mas, ao contrário do governo Goulart, o regime militar já havia se solidificado o suficiente para não ser derrubado por uma passeata.

Brasil: uma História – a incrível saga de um país, de Eduardo Bueno. São Paulo: Ática, 2002. (Texto adaptado).

Atividades

1 Responda às questões abaixo.

a) Como eram escolhidos os presidentes no período militar?

....

....

b) O que foi o "milagre econômico"?

....

....

....

2 Com os colegas e o professor, releia o texto da seção **Saiba mais**, na página anterior. Em seguida, façam o que se pede.

a) Conversem sobre a opressão a que foram submetidas as pessoas na época da ditadura.

b) Comparem os acontecimentos políticos e sociais da época com os atuais.

3 Pesquise alguns materiais de propaganda política das últimas eleições (panfletos, cartazes, vídeos, textos, entre outros). Leve-os para a sala de aula e, com os colegas, tente debater as questões abaixo.

a) As pessoas retratadas nesses materiais estão prometendo alguma coisa?

b) De que tipo de benfeitorias as propagandas falam? Você considera que elas são importantes para a sociedade?

c) As propagandas falam sobre alguma obra ou serviço que já foi feito? O que elas dizem corresponde ao que realmente aconteceu?

d) Como os textos desses materiais parecem tratar as pessoas que os leem? Que intenção você acha que a pessoa que os escreveu tinha?

o Por fim, em grupo, montem um painel com colagens dos materiais selecionados e com textos redigidos após a reflexão sobre as questões acima.

Unidade 4

O tema é...

Ser jovem ontem e hoje

"No meu tempo não era assim!" Muitos adultos repetem essa frase quando querem dizer que o comportamento mudou muito. "Quando eu era criança não ficava horas em frente à TV", "eu nunca fui rebelde"... Será que o comportamento de crianças e adolescentes mudou tanto assim?

o Entreviste um adulto da sua escola para saber como ele se divertia quando era adolescente. Quais eram as atividades preferidas dele?

o Ele era considerado um adolescente rebelde? O que significa ser rebelde?

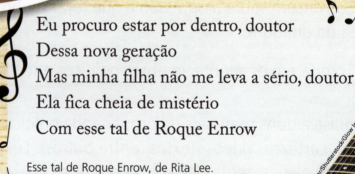

Eu procuro estar por dentro, doutor
Dessa nova geração
Mas minha filha não me leva a sério, doutor
Ela fica cheia de mistério
Com esse tal de Roque Enrow

Esse tal de Roque Enrow, de Rita Lee.
Fruto proibido (LP). Som Livre, 1975.

o Quais são as dificuldades que a mãe está enfrentando para lidar com a filha? O médico pode ajudá-la?

o Você compartilha com seus pais seus gostos musicais? Que atividades você gosta de fazer com eles? E com os amigos?

Na década de 1960 os jovens foram destaques na vida social e política de países de diversas regiões do mundo. Aqui no Brasil, eles organizaram importantes movimentos culturais e políticos, que exigiam maior participação da população nas decisões dos governos. A ditadura militar reprimiu fortemente esses movimentos e muitos jovens foram presos.

Arquivo do jornal O Estado de S. Paulo/Agência Estado

Plateia do III Festival de Música Popular, em São Paulo (SP), 1967.

ARQUIVO/AGE/AE

Manifestação de estudantes em frente à Assembleia Legislativa, no Rio de Janeiro (RJ), 1968.

- Que atividades estão representadas nas fotos? Quando elas ocorreram?
- Atualmente a juventude do Brasil também está envolvida em atividades como essas?
- Você conhece manifestações culturais e políticas de jovens no município onde você vive? Onde elas acontecem?

Nova República
(1985 aos dias atuais)

Depois de longos anos sob o domínio militar, a parcela da população contrária à ditadura se fortaleceu. Em 1984, começaram a acontecer manifestações em todo o país em favor de eleições livres para presidente da República.

As pessoas saíram às ruas pedindo que o novo presidente da República fosse escolhido pelo voto direto. Foi um movimento conhecido como **Diretas Já**.

✳ Manifestação pelas Diretas Já, na Praça da Sé, em São Paulo (SP), 1984.

A manifestação popular não foi suficiente para que a lei fosse aprovada, mas impulsionou um avanço rumo à democracia: em 15 de janeiro de 1985, o colégio eleitoral, numa eleição indireta, elegeu um presidente civil, ou seja, não militar. O presidente escolhido foi Tancredo Neves, e seu vice-presidente, José Sarney.

Tancredo Neves adoeceu antes de sua posse e morreu em abril de 1985. **José Sarney**, vice-presidente, passou então a ser o presidente da República.

Seguindo o ideal de democracia, uma nova constituição foi elaborada e promulgada, em 1988. O documento previa eleições diretas. Também foi determinado o fim da censura aos meios de comunicação e o povo passou a ter liberdade para se manifestar. A economia enfrentava um mau período nessa época. Por isso, o governo fez uma série de mudanças para tentar controlar a inflação.

Ao final do governo de José Sarney, depois de quase trinta anos sem escolher um presidente da República por meio do voto direto, o povo elegeu para a Presidência **Fernando Collor de Mello**, em 1989. Collor era jovem, prometia modernização econômica e recebeu bastante apoio da mídia.

Após dois anos de governo, Fernando Collor de Mello foi acusado de corrupção. Os mesmos brasileiros que o elegeram foram às ruas pedir sua saída do governo.

Após o *impeachment* (impedimento) de Collor ter sido votado no Congresso, ele renunciou e seu vice-presidente, **Itamar Franco**, tomou posse. No governo de Itamar, a moeda foi novamente trocada. Criou-se o **real**, usado até hoje no Brasil. Uma série de medidas econômicas conseguiram conter a inflação. Quem comandou o Plano Real foi Fernando Henrique Cardoso, na época ministro da Fazenda.

Motivado pelo sucesso do novo plano econômico, o povo brasileiro foi às urnas e escolheu o novo presidente da República: **Fernando Henrique Cardoso** (também conhecido como FHC), que tomou posse em 1995 e foi reeleito em 1998.

Manifestação contra o governo Collor, em São Paulo (SP), 1992.

Em 2002 o Brasil elegeu como presidente Luiz Inácio Lula da Silva, que foi o primeiro presidente representante das classes populares a governar o país. Após um conturbado primeiro mandato, no qual surgiram escândalos políticos, Lula conseguiu ser reeleito em 2006.

O presidente Luiz Inácio Lula da Silva, com a faixa presidencial, no dia de sua posse, ao lado de Fernando Henrique Cardoso, em Brasília (DF), 2002.

Atividades

1 Complete as questões com as palavras e expressões do quadro abaixo.

volta da democracia	colégio eleitoral	1984
eleições diretas	Congresso Nacional	Diretas Já

a) A lei que o _____ votaria em _____ para restabelecer as _____ para presidente não foi aprovada.

b) As manifestações de 1984 ficaram conhecidas como _____ e visavam a _____.

c) O primeiro presidente civil brasileiro, depois dos governos militares, foi Tancredo Neves, que foi eleito pelo _____.

2 Em 1989, obedecendo à Constituição de outubro de 1988, o povo elegeu seu novo presidente.

a) Quem foi esse presidente? Como ele foi eleito?

_____

_____

b) Ele terminou seu mandato? Por quê?

_____

3 Quem é o atual presidente da República? Quando ele foi eleito?

_____

4 Imagine que você vai produzir uma revista sobre a História do Brasil desde a Redemocratização. Desenhe a capa que a sua revista teria. Lembre-se de escrever as manchetes, os assuntos principais e desenhar imagens. Em seguida, reúna-se com alguns colegas e escolham um dos temas destacados na capa para produzir, em grupo, uma matéria sobre o assunto.

5 Organize os fatos e períodos a seguir em uma linha do tempo referente à Nova República.

impeachment	nova Constituição	Diretas Já	privatizações
Plano Real	governo Lula	eleições diretas	Plano Collor

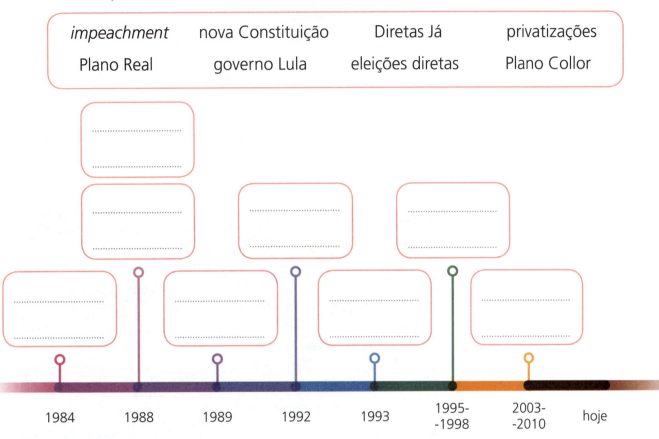

1984	1988	1989	1992	1993	1995--1998	2003--2010	hoje

Saiba mais

Dilma Rousseff: a primeira mulher presidente do Brasil

Dilma Rousseff nasceu em Belo Horizonte (MG) em 14 de dezembro de 1947. Foi ministra das Minas e Energia entre 2003 e junho de 2005, passando a ocupar o cargo de ministra-chefe da Casa Civil desde a demissão de José Dirceu de Oliveira e Silva, em 16 de junho de 2005, acusado de corrupção.

Dilma Rousseff venceu as eleições presidenciais de 2010, no segundo turno, com 56,05% dos votos válidos, tornando-se a primeira mulher na Presidência da República Federativa do Brasil.

Dilma Rousseff. **UOL Educação**, 7 fev. 2013. Disponível em: <http://educacao.uol.com.br/biografias/-dilma-rousseff.jhtm>. Acesso em: 24 out. 2014. (Texto adaptado).

Dilma Rousseff

Galeria de Presidentes/Governo do Brasil

Ideias em ação

Calculando o número de manifestantes nas ruas

Uma manifestação que reúna 100 pessoas e outra com mais de 400 mil recebem atenção diferente por parte dos órgãos de imprensa e também do governo, não é? E como sabemos quantas pessoais saíram às ruas para manifestar-se?

Manifestação contra o aumento das tarifas de transporte em São Paulo (SP), 2013.

Marcelo D'Sants/Frame/Folhapress

Há diversas formas de fazer uma estimativa do número de pessoas presentes em uma manifestação de rua. A seguir você vai aprender uma delas

Material necessário

- o régua
- o calculadora

Como fazer

1. Para calcular o número de participantes de uma manifestação nas ruas, é preciso conseguir imagens aéreas da área ocupada pelas pessoas.

2. Na ilustração da página seguinte, uma praça foi ocupada por manifestantes, que cobram mais investimentos em educação. Observe que há diferentes concentrações de pessoas: em algumas áreas mal conseguimos ver o solo, enquanto em outras há espaço entre as pessoas. Conte o número de pessoas em cada uma das ampliações e anote o resultado.

3. Vocês devem, então, buscar outras quadrículas que têm uma concentração de pessoas próxima à de uma das ampliações. Anote os valores na ilustração. Surgiram dificuldades, não é? Discutam em grupo o que fazer nas seguintes situações:

- Como saber quantas pessoas estão embaixo das árvores?
- E as quadrículas que só têm parte da área ocupada por pessoas?
- ....
- ....

4. Chegaram a uma solução? Bem, agora basta somar todos os valores anotados nas quadrículas. Qual é a estimativa de pessoas nessa manifestação?

....

Por que o cálculo que vocês fizeram representa uma estimativa?

Unidade 1

Reprodução/Companhia das Letrinhas

Lá vem história

Heloisa Prieto. São Paulo: Companhia das Letrinhas.

O livro reúne histórias conhecidas (e algumas nem tanto) das mais diferentes origens e de todos os tempos: desde a de Sherazade até de personagens do folclore japonês.

Reprodução/Panda Books

A árvore da família

Maísa Zakzuk. São Paulo: Panda Books.

Nesse livro, a autora retoma brevemente a origem de seus antepassados sírios e portugueses para estimular crianças e adolescentes a montar a própria árvore genealógica. Com extremo bom humor, o texto apresenta grande número de informações.

Reprodução/Global

Contos indígenas brasileiros

Daniel Munduruku. São Paulo: Global.

A obra traz uma seleção de mitos de vários povos indígenas: Munduruku, Guarani, Karajá, Terena, Kaingang. Por meio dessas histórias, os alunos conhecerão um pouco da diversidade cultural dos povos indígenas brasileiros.

Reprodução/LGE

Portugal-Brasil: a aventura do descobrimento

Jean Angelles e Pedro Silva. Brasília: LGE.

Esse livro conta a aventura de Cabral e suas caravelas sob a óptica de um menino português, João, e de um indiozinho, Tibiriçá. Eles se encontram, pela primeira vez, no desembarque dos portugueses na costa sul-americana.

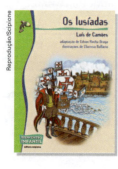

Reprodução/Scipione

Os lusíadas

Luís de Camões. Adaptação: Edson Rocha Braga. São Paulo: Scipione. (Reencontro infantil).

Em 1497, a frota de Vasco da Gama parte em busca do caminho marítimo para a Índia. Os deuses Júpiter e Baco intervêm o tempo todo na viagem, ora a favor, ora contra os navegantes. Misto de fantasia e relato de viagens, o clássico permite conhecer os medos e desejos dos lusitanos ao singrar mares até então desconhecidos.

Unidade 2

Agbalá, um lugar continente

Marilda Castanha. São Paulo: Cosac Naify.

"Para muitos povos do continente africano, há milênios, tudo tem sentido e ritmo próprios: de um grão de areia a um ser divino. Cada nação, a seu modo, registrava histórias pessoais, a convivência com o sagrado e a identidade do seu povo. Como se cada um [deles], dentro de si, tivesse a semente e a memória do lugar. Um infinito *agbalá*.". O livro traz importantes informações sobre a cultura africana, tratadas de maneira poética e acompanhadas de belíssimas imagens.

O vampiro que descobriu o Brasil

Ivan Jaf. São Paulo: Ática.

O português Antônio é mordido por um vampiro e descobre que só poderá voltar a ser humano caso encontre aquele que o mordeu. Mas tudo fica mais difícil quando esse vampiro embarca na frota de Pedro Álvares Cabral. Daí por diante, Antônio fará um longo trajeto pelas novas terras, acompanhando o surgimento e o crescimento do Brasil.

Foi quando a família real chegou...

Lúcia Fidalgo. São Paulo: Paulus. (Mistura brasileira).

A autora começa o livro fazendo um convite ao leitor: "Que tal voltarmos ao Brasil, no ano de 1808, e ver desembarcar, no porto da cidade do Rio de Janeiro, a família real portuguesa?!".

D. João carioca: a corte portuguesa chega ao Brasil (1808-1821)

Lilia Moritz Schwarcz e Spacca. São Paulo: Companhia das Letras.

Nesse livro, conta-se que, mesmo depois que os franceses foram expulsos de Portugal, o príncipe português, dom João, preferiu continuar na nova capital do Império, sediada no Rio de Janeiro, onde criou instituições, fundou jornais e o Banco do Brasil e encontrou um belo lugar para morar: a Quinta da Boa Vista. Ele esqueceu da guerra, sarou da gota e aproveitou o clima e as frutas tropicais. Acomodou-se de tal maneira que virou um "João carioca", personagem popular de nossa história.

Unidade 3

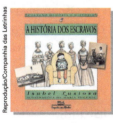

A história dos escravos

Isabel Lustosa. São Paulo: Companhia das Letrinhas. (Memória e História).

Sendo fiel aos fatos históricos, nessa narrativa a historiadora Isabel Lustosa conta como era o Brasil no tempo em que as pessoas eram escravizadas. O texto se organiza em torno da curiosidade de Chico, um menino da cidade que vai passar uns dias na fazenda do avô e acaba aprendendo o que representou a escravidão na formação do Brasil e suas consequências na vida atual do país.

Luana: as sementes de Zumbi

Aroldo Macedo e Oswaldo Faustino. São Paulo: FTD. (Aventuras de Luana).

Luana, uma menina de 8 anos, adora ler, estudar e jogar capoeira. Com seu berimbau mágico, viaja para outras épocas e lugares, fazendo com que o leitor viva aventuras incríveis. Entre outras coisas, ela mostra o valor de nossa herança cultural e a importância dos diferentes povos na formação de nosso país.

Nesse livro, Luana encontra o herói negro Zumbi e conhece o verdadeiro tesouro do Quilombo dos Palmares.

Histórias da África

Gcina Mhlophe. Tradução: Jaci Maraschin. São Paulo: Paulinas. (Tecendo histórias).

Nesse livro, a autora reúne alguns contos africanos bastante tradicionais. Além de entreter o leitor, as histórias transmitem ensinamentos e muitas lições de vida.

O segredo das tranças e outras histórias africanas

Rogério Barbosa. São Paulo: Scipione.

O livro reúne cinco contos recolhidos em países africanos de língua portuguesa (Angola, Cabo Verde, Guiné-Bissau, Moçambique e São Tomé e Príncipe). Também traz um texto complementar com informações sobre esses povos.

Unidade 4

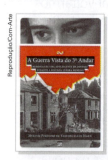

A guerra vista do 3º andar: memórias de uma adolescente em Londres durante a Segunda Guerra Mundial

Myriam Pinheiro de Vasconcellos Marx. São Paulo: Com-Arte.

Nesse delicado relato, uma adolescente brasileira que viveu em Londres durante a Segunda Guerra Mundial mostra a sua visão do que acontecia, a partir da janela de seu apartamento.

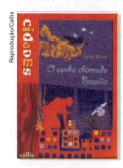

O sonho chamado Brasília

Luiz Bras. São Paulo: Callis.

O personagem Oscar aprende na escola que o plano piloto da atual capital do Brasil foi criado pelo urbanista Lúcio Costa e fica completamente entusiasmado. Afinal, seu pai, um importante arquiteto que vive em Brasília, chama-se Lúcio Costa... Aproveitando a situação, Lúcio, o pai de Oscar, leva o filho para um passeio pelas ruas da cidade, contando cada detalhe sobre a origem e o desenvolvimento de Brasília.

A Idade Contemporânea

Carme Peris. São Paulo: Scipione. (Viajando através da História).

A Idade Contemporânea trouxe muitos avanços tecnológicos para o mundo. Mas, ao mesmo tempo, neste período aconteceram alguns dos episódios mais violentos e cruéis da história humana. Será que o progresso científico não foi o suficiente para melhorar o mundo?

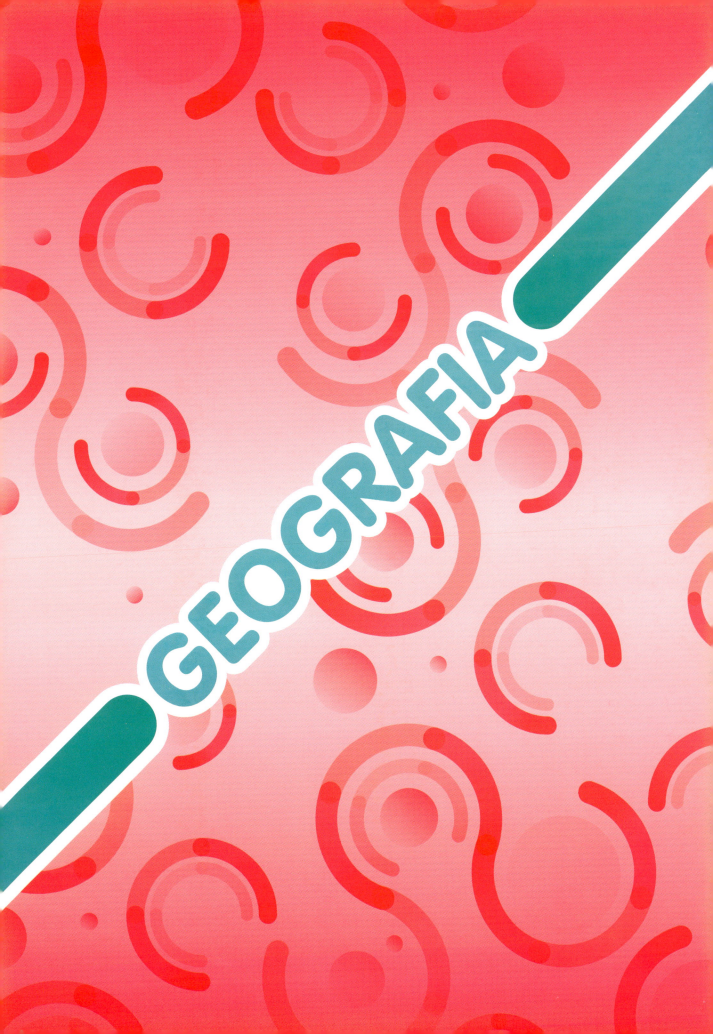

GEOGRAFIA

Sumário

Salvadorova/Shutterstock/Glow Images

João Prudente/Pulsar Imagens

UNIDADE 1

Representação

Vamos conversar?

- Como os alunos estão utilizando mapas na ilustração?
- Em que situações você utiliza mapas?

O que vou estudar?

- Elementos dos mapas
- Formas de representação
- O Brasil nos mapas

Ilustra Cartoon/Arquivo da editora

Capítulo 1

Os mapas da Terra

O QUE SIGNIFICAM ESTAS CORES, ESTAS LINHAS E ESTAS PALAVRAS?

O que você responderia a essa criança?

Existem várias formas de representar um lugar e os elementos que fazem parte da paisagem. Veja exemplos:

- fotografias

Área rural de Andirá (PR), 2014.

- mapas

Mapa de Carel Allard, publicado em 1696.

- croquis

Croqui de localização de pontos de referência em um quarteirão.

- pinturas

* **Garças e Guará da Amazônia**, acrílico sobre tela de Edna de Araraquara.

● A linguagem dos mapas

Quando queremos representar um espaço, podemos elaborar um mapa. Ele projeta num plano (papel, tela do computador, entre outros) os elementos que compõem a superfície terrestre.

Para compor um mapa utiliza-se a **linguagem cartográfica**, constituída de sinais gráficos, ou seja, símbolos, que são reconhecidos por pessoas de diferentes países – e que nós também reconhecemos quando consultamos um mapa.

Para ler, interpretar e entender um mapa, verificamos elementos como: legenda, escala e orientação.

Região Norte: principais portos (2010)

LEGENDA
⚓ Principais portos

Mapa Hidroviário, do Ministério dos Transportes. Disponível em: <www.transportes.gov.br/public/arquivo/arq1409682764.pdf>. Acesso em: 9 out. 2014.

Rubens Chaves/Pulsar Imagens

Trecho do porto de Manaus (AM), o maior porto flutuante do mundo, 2014.

A legenda

A **legenda** reúne os símbolos e as cores do mapa. Os símbolos são pequenos desenhos com a função de representar elementos da superfície terrestre. No mapa acima, o desenho da âncora é usado para representar os portos.

As cores usadas no mapa costumam ser padronizadas: azul (hidrografia); verde (vegetação); marrom, amarelo e alaranjado (relevo).

● A escala

Como não podemos representar um espaço em seu tamanho natural em uma folha de papel, reduzimos suas medidas. Essa redução é proporcional: todas as medidas são diminuídas igualmente. Observe o exemplo abaixo:

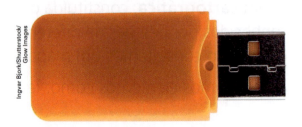

Quando reduzimos as medidas de forma proporcional, podemos dizer que essa redução tem uma **escala**. Ela indica a relação entre o tamanho de um espaço representado no mapa e o tamanho real desse espaço.

A escala em geral se localiza na parte inferior do mapa. Veja o exemplo ao lado:

Nesse exemplo, a escala indica que 1 centímetro no papel equivale a 15 metros no espaço real. Se medirmos uma distância de 3 centímetros nesse mapa, sabemos que ela corresponde a uma distância real de 45 metros.

$$3 \times 15 = 45 \text{ metros}$$

A indicação da escala

Existem duas formas de indicar a escala: gráfica e numérica.

Escala gráfica: é expressa por um gráfico de barras horizontais.

Escala numérica: é representada por uma fração, na qual o numerador é sempre a unidade (1) e o denominador indica quantas vezes as medidas reais foram reduzidas.

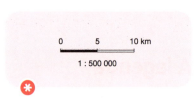

❋ Observe acima uma escala representada nas formas gráfica e numérica. Ela indica que 1 centímetro no papel equivale a uma medida real de 5 quilômetros ou 500 000 centímetros.

● A orientação

Você notou também, no mapa da página ao lado, que há uma representação acima da escala?

É a **rosa dos ventos** – um desenho que aparece no mostrador de bússolas, em mapas, plantas e outras representações. Ela indica as direções conhecidas como cardeais (norte, sul, leste e oeste) e colaterais (nordeste, sudeste, sudoeste e noroeste).

Por meio da rosa dos ventos, situamos o espaço representado em relação à Terra e a outros espaços dela.

● As fontes cartográficas

Para um lugar ser representado em um mapa é preciso ter muitas informações, como as distâncias e os elementos que o compõem.

Atualmente, as principais fontes de elaboração dos mapas são as fotografias aéreas e as imagens de satélite. Esses registros possibilitam obter a visão vertical da superfície terrestre, que é utilizada na elaboração dos mapas.

2015 Google Earth/DigitalGlobe

Imagem de satélite de trecho do município de Tatuí (SP), 2014.

Unidade 1

Atividades

1. Calcule, de acordo com a escala, as distâncias em linha reta entre os municípios abaixo. Observe o modelo.

Atlas geográfico escolar. 5. ed. Rio de Janeiro: IBGE, 2009. p. 90.

a) Boa Vista a Brasília: $7,4 \times 310 = 2294$ km

b) Manaus a Belo Horizonte:

c) Salvador a Rio de Janeiro:

d) Porto Alegre a São Luís:

e) Rio Branco a Recife:

f) São Paulo a Palmas:

2 Vamos representar sua sala de aula?

DURANTE A ATIVIDADE, TROQUE IDEIAS COM SEUS COLEGAS E TIRE DÚVIDAS COM O PROFESSOR.

a) Com os colegas e o professor, meça o comprimento e a largura da sala de aula. Marquem a posição das portas, das janelas, da lousa e dos outros elementos da classe.

b) Representem, em uma folha à parte, a sala de aula, obedecendo à escala para todos os elementos (carteiras, armários, mesa do professor, portas, janelas, lousa).

CADA METRO EQUIVALE, NO DESENHO, A 1 CENTÍMETRO.

c) Agora, cada membro do grupo criará uma legenda para representar os elementos.

3 Complete as questões abaixo, com base na representação que seu grupo fez da sala de aula na atividade 2.

a) O desenho da sala de aula reproduz o tamanho real dela?

◯ Sim   ◯ Não

b) Para representar toda a sala de aula no papel foi preciso _____

_____

_____ .

c) A _____ indica a medida que foi usada para representar, no papel, o tamanho da sala de aula.

Unidade 1

Orientação nas grandes cidades

○ A cidade do município onde você vive tem muitas ruas? Você a conhece bem? Quando você precisa chegar a um endereço desconhecido, o que faz: consulta mapas digitais e pede ajuda a outras pessoas?

Uma grande cidade tem milhares de ruas. Como se localizar? Os navegadores dos celulares ajudam bastante, não é? Alguns pontos de referência são fundamentais: grandes avenidas, estações de trem e metrô, assim como os edifícios mais marcantes.

A cidade do Rio de Janeiro é muito extensa. Uma pequena parte dela conta com o serviço de metrô. Ainda assim, poder deslocar-se pela cidade em um transporte rápido, sem engarrafamentos, é muito importante.

Quando as mudanças em um lugar ocorrem muito rapidamente e nós perdemos nossos pontos de referência, podemos nos sentir estranhos, como se não conhecêssemos mais aquele lugar.

NÓS LUTAMOS MUITO PARA QUE CALÇADAS E PRÉDIOS SEJAM ACESSÍVEIS PARA PESSOAS DEFICIENTES. ESSAS PEQUENAS REFORMAS SÃO MUITO IMPORTANTES PARA NÓS!

EU QUASE NÃO RECONHEÇO MAIS O CENTRO DA CIDADE. MUITAS CASAS E PRÉDIOS FORAM DEMOLIDOS PARA CONSTRUIR EDIFÍCIOS ALTOS. ATÉ MESMO O CINEMA FOI FECHADO!

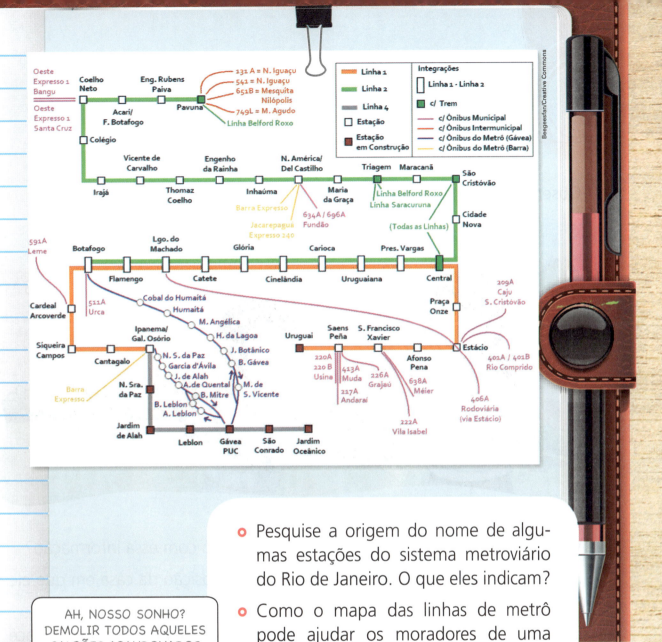

Beegeesfan/Creative Commons

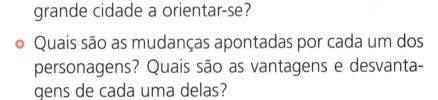

AH, NOSSO SONHO? DEMOLIR TODOS AQUELES GALPÕES ABANDONADOS PARA CONSTRUIR UM "SKATÓDROMO"! JÁ PENSOU PODER ANDAR DE SKATE COM UM MONTE DE GENTE TODOS OS DIAS?!

- Pesquise a origem do nome de algumas estações do sistema metroviário do Rio de Janeiro. O que eles indicam?

- Como o mapa das linhas de metrô pode ajudar os moradores de uma grande cidade a orientar-se?

- Quais são as mudanças apontadas por cada um dos personagens? Quais são as vantagens e desvantagens de cada uma delas?

- No lugar onde você vive há muitas construções novas? As edificações antigas são preservadas? Há algum lugar que é um ponto de referência para todos os moradores, como uma praça ou um parque?

- Você tem um lugar preferido no município onde vive? Como você se sentiria se ele fosse destruído para ceder lugar a outra construção?

Linhas imaginárias

OED

Observe esta cena.

Você conseguiria localizar a casa desse menino só com essa informação?

É claro que não! Ele deu apenas uma ideia da posição da casa em que ele mora em relação ao centro da cidade.

E a localização fornecida pelos personagens do quadrinho abaixo? Você conhece todas essas referências? A seguir vamos estudar como decifrar esses códigos de localização.

Os mapas na História

Os mapas aparecem na história de todos os povos. Eles são criados a partir da necessidade de representação gráfica das atividades mais importantes de um povo.

Antigamente, os povos que exerciam atividades agropecuárias, por exemplo, faziam mapas que indicavam a divisão das plantações ou demarcação de terras.

Já os povos que se dedicavam à intensa atividade comercial faziam mapas de roteiros de viagens, como os grandes navegadores que elaboraram mapas de suas viagens pelos oceanos.

Observe o mapa abaixo e leia a legenda que o acompanha:

Schloss Wolfegg, Alemanha

Carta Marina, de Martin Waldseemüller, 1516 (detalhe).
Trata-se de um mapa elaborado para orientar a navegação marítima e o comércio no mundo. Ele contém várias linhas imaginárias e apresenta brasões e documentos oficiais de posse de terras no século XVI.

● Paralelos e meridianos

Para facilitar a localização dos lugares na Terra, os cientistas criaram linhas imaginárias que aparecem nos globos terrestres e nos mapas. Essas linhas imaginárias são chamadas de **paralelos** e **meridianos**.

Os **paralelos** são linhas imaginárias horizontais que circundam a Terra.

O principal paralelo é o **equador**, que divide a Terra em dois hemisférios: o norte e o sul.

Há outros quatro paralelos que recebem nomes especiais: o trópico de Câncer e o círculo polar Ártico, ao norte; o trópico de Capricórnio e o círculo polar Antártico, ao sul.

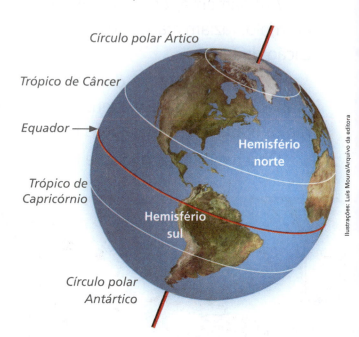

Círculo polar Ártico

Trópico de Câncer

Equador →

Hemisfério norte

Trópico de Capricórnio

Hemisfério sul

Círculo polar Antártico

Ilustrações: Luis Moura/Arquivo da editora

Os paralelos são traçados a partir do equador, determinando a latitude norte ou sul.

E os meridianos? Os **meridianos** são linhas imaginárias verticais que vão de um polo a outro da Terra (polos norte e sul).

Meridiano de Greenwich

Hemisfério oriental

Hemisfério ocidental

O principal meridiano é o **meridiano de Greenwich**, que passa pelo observatório de Greenwich, perto da cidade de Londres, na Inglaterra.

Podemos traçar quantos meridianos quisermos, tanto para leste como para oeste. Para isso, basta estabelecer uma linha imaginária ligando os dois polos.

O meridiano de Greenwich é especial porque foi escolhido por diversas nações para ser o marco zero do sistema de fusos horários. Observe na ilustração que ele tem o mesmo comprimento dos demais meridianos.

Agora, observe o mapa abaixo.

Meridiano de Greenwich

Luis Moura/Arquivo da editora

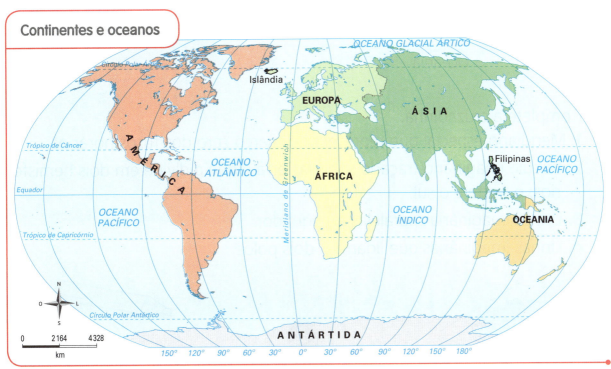

Continentes e oceanos

Atlas geográfico escolar. 5. ed. Rio de Janeiro: IBGE, 2009. p. 34.

Quando temos um mapa que representa de forma plana toda a superfície do planeta, nós o chamamos de **planisfério**.

Nos planisférios estão indicados os paralelos e os meridianos. Assim, podemos localizar qualquer ponto sobre o nosso planeta.

Identifique no mapa o país que fica ao norte do equador e a leste do meridiano 120° L. Agora, tente localizar a Islândia, indicando sua posição de acordo com os paralelos e os meridianos.

Atividades

1 Observe o planisfério da página 161 e preencha o quadro abaixo, com o nome dos oceanos que banham cada continente.

Continente	Oceanos
Antártida	
África	
América	
Ásia	
Europa	
Oceania	

2 Complete a cruzadinha.

1. Meridiano especial que representa o marco zero dos fusos horários.

2. Círculo imaginário traçado sobre a Terra e que a divide em dois hemisférios: o norte e o sul.

3. Linhas imaginárias paralelas ao equador.

4. Linhas imaginárias que ligam os dois polos.

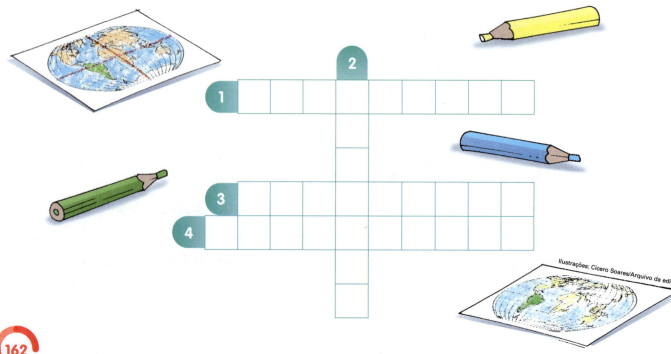

Ilustrações: Cícero Soares/Arquivo da edito.

3 O continente americano é formado pela América do Norte, América Central e América do Sul, como pode ser visto no mapa abaixo.

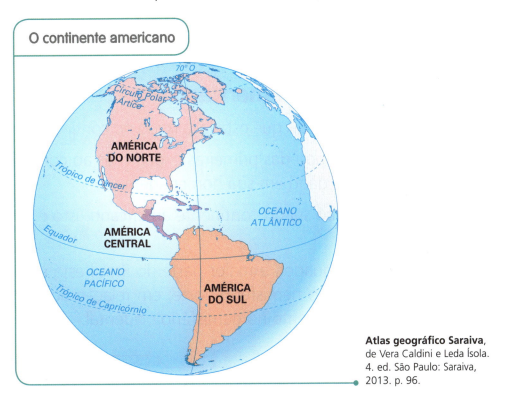

O continente americano

70° O

Círculo Polar Ártico

AMÉRICA DO NORTE

Trópico de Câncer

AMÉRICA CENTRAL

Equador

OCEANO ATLÂNTICO

OCEANO PACÍFICO

Trópico de Capricórnio

AMÉRICA DO SUL

Atlas geográfico Saraiva, de Vera Caldini e Leda Ísola. 4. ed. São Paulo: Saraiva, 2013. p. 96.

○ Com base no planisfério da página 161 e no mapa acima, converse sobre as questões a seguir com os colegas e, depois, complete-as.

a) A .... passa pela América do Sul, no continente americano, mas não passa pela América do Norte e pela América Central.

b) Além de passar pelo continente americano, a linha do equador passa também por outros dois continentes, que são: ....

c) A linha do equador não passa por estes continentes: ....
....

d) Os paralelos que recebem nomes especiais são: ....
....

e) Desses paralelos, o .... é o paralelo que divide a Terra em dois hemisférios: o hemisfério norte e o hemisfério sul.

f) O paralelo que fica próximo ao polo norte é o .... e o paralelo que fica próximo ao polo sul é o ....

● O Brasil no continente americano

Nós vivemos no Brasil, um país que está localizado no continente americano.

Américo Vespúcio participou das primeiras expedições ao continente americano. O nome América foi dado em sua homenagem.

O Brasil está localizado ao sul do continente americano, isto é, na América do Sul.

Em relação à linha do equador, a maior parte do Brasil está no hemisfério sul e uma pequena parcela no hemisfério norte; em relação ao meridiano de Greenwich, o Brasil está totalmente no hemisfério ocidental.

O Brasil no continente americano

Atlas geográfico escolar.
5. ed. Rio de Janeiro: IBGE,
2009. p. 34.

Observe neste mapa os vizinhos do Brasil. Nosso país faz fronteira com quase todos os países da América do Sul, menos com o Chile e o Equador.

O Brasil é o maior país da América do Sul, ocupando uma área de 8 514 876,6 km².

Observe que as terras brasileiras são mais largas ao norte e mais estreitas ao sul.

Brasil: pontos extremos

55° O

PONTO MAIS **SETENTRIONAL**
Nascente do rio Ailã

OCEANO
ATLÂNTICO

Equador

PONTO MAIS
OCIDENTAL
Nascente do rio Moa

PONTO MAIS
ORIENTAL
Ponta do Seixas

OCEANO
PACÍFICO

Trópico de Capricórnio

PONTO MAIS **MERIDIONAL**
Arroio Chuí

0   478   956
km

Atlas geográfico escolar: ensino fundamental do 6º ao 9º ano. Rio de Janeiro: IBGE, 2010. p. 8.

Ponta do Seixas, em João Pessoa (PB), 2014.

Trecho do arroio Chuí (RS), 2014.

Os **pontos extremos** do Brasil são:

- ao norte – nascente do rio Ailã no monte Caburaí, em Roraima, fronteira com a Guiana;

- ao sul – o arroio Chuí, no Rio Grande do Sul, fronteira com o Uruguai;

- a leste – a ponta do Seixas, na Paraíba;

- a oeste – a nascente do rio Moa na serra da Contamana, no Acre, fronteira com o Peru.

OBSERVE A LINGUAGEM CARTOGRÁFICA NESSES MAPAS. VEJA A ESCALA, A ROSA DOS VENTOS, OS PARALELOS, OS OCEANOS...

Ilustra Cartoon/Arquivo da editora

Atividades

1 Observe os mapas das páginas anteriores e responda às questões.

a) Quais são os paralelos que cortam o Brasil?

....

....

b) Entre quais linhas imaginárias está situada a maior parte do território brasileiro?

....

....

c) Qual é o oceano que banha o Brasil?

....

d) Em relação à linha do equador, onde está situada a maior parte do território brasileiro?

....

e) O Brasil fica a leste ou a oeste do meridiano de Greenwich? Em que hemisfério se localiza.

....

....

....

2 Complete.

a) O Brasil está situado na porção do continente americano chamada de

....

b) Os dois únicos países sul-americanos com os quais o Brasil não faz fronteira são ....

3 Observe o mapa a seguir.

América do Sul

70° O

Equador

Trópico de Capricórnio

N
O L
S

0 600 1 200
km

Atlas geográfico escolar. 5. ed. Rio de Janeiro: IBGE, 2009. p. 34.

○ Agora, no mapa, localize e faça o que é solicitado:

a) Pinte a parte que representa o Brasil de verde e escreva o nome dele.

b) Escreva o nome dos oceanos.

c) Escreva o nome dos dois países da América do Sul que não fazem fronteira com o Brasil e pinte-os de rosa.

d) Escreva o nome do país de maior fronteira com o Brasil e pinte-o de amarelo.

e) Agora escreva o nome dos demais países que fazem fronteira com o Brasil e pinte-os com outras cores.

f) Localize e escreva o nome dos pontos extremos do Brasil.

● O mapa político e regional do Brasil

O Brasil é dividido em 26 estados e um <mark>Distrito Federal</mark>, onde se localiza Brasília, a capital do país.

Veja o mapa político do Brasil, que apresenta as 27 unidades da federação com suas capitais.

Brasil: divisão política

Atlas geográfico escolar. 5. ed. Rio de Janeiro: IBGE, 2009. p. 90.

Um espaço que apresenta aspectos físicos mais ou menos uniformes e, principalmente, características humanas e econômicas semelhantes pode formar uma **região geográfica**.

Os estados brasileiros estão agrupados em cinco grandes regiões: Norte; Nordeste; Centro-Oeste; Sudeste; Sul. Essa divisão regional foi elaborada pelo Instituto Brasileiro de Geografia e Estatística (IBGE) após a realização de levantamentos econômicos, demográficos e sociais.

Essa divisão é de 1970. A última modificação ocorreu em 1998, quando foi criado o estado do Tocantins, desmembrado de Goiás em 1988. O novo estado passou a integrar a região Norte.

Observe a divisão atual do Brasil em regiões.

LEGENDA
- Região Norte
- Região Nordeste
- Região Sudeste
- Região Centro-Oeste
- Região Sul

Atlas geográfico escolar. 5. ed. Rio de Janeiro: IBGE, 2009. p. 94.

Atividades

1. Com base no mapa da página 169 ou em um mapa do Brasil de um atlas, faça as atividades a seguir.

a) Escreva o nome das unidades federativas que formam cada região brasileira.

Região Norte:

....

....

Região Nordeste:

....

....

Região Sudeste:

....

....

Região Centro-Oeste:

....

Região Sul:

....

b) Encontre no mapa o nome da capital do Brasil e da unidade da federação onde ela está localizada e escreva-os abaixo.

....

c) Localize no mapa o estado onde você mora. Escreva abaixo o nome dele, sua respectiva capital e a região a que pertence.

....

2 Observe o mapa a seguir e faça o que se pede.

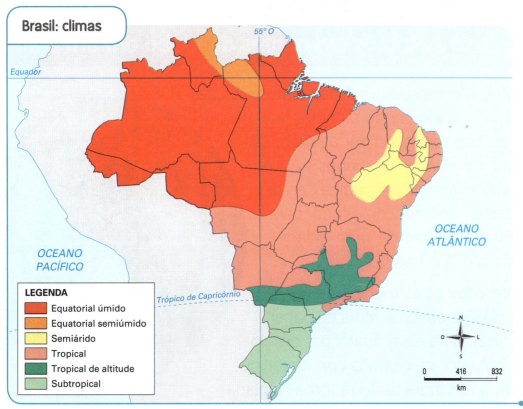

Geografia do Brasil, de Jurandyr L. Sanches Ross (Org.). São Paulo: Edusp, 2006. p. 109.

a) O que o mapa representa?

....

b) Como você pode afirmar isso?

....

....

c) Localize no mapa o estado onde você vive e escreva o nome do(s) clima(s) que ocorre(m) nele.

....

....

d) Você conseguiria descobrir as informações que o mapa transmite se não houvesse título e legenda?

....

....

Ideias em ação

Representando os elementos do globo em um plano

O globo terrestre é uma das representações mais fiéis da superfície do planeta. Mas não é nada prático carregá-lo por aí. Além disso, como representar pequenos trechos da superfície terrestre: imagine ter de aumentar o tamanho do globo para representar o centro de uma cidade! Seria muito difícil, não?

Representar os elementos da superfície do planeta em uma folha de papel é uma solução para essas limitações do globo. No entanto, precisamos considerar que, no papel, a curvatura da Terra torna-se plana.

Para entender melhor o que isso significa vamos fazer uma divertida experiência.

Material necessário

- balão de festa
- marcador permanente para plástico
- tesoura

Matthew Benoit/Shutterstock/
Glow Images

Mega Pixel/Shutterstock/Glow Images

Everything/Shutterstock/Glow Images

Como fazer

1. Encha o balão. Com uso do marcador, desenhe um boneco no balão.

Desenhe a figura humana no balão cheio da forma mais fiel possível. A cabeça deve envolver a boca do balão. Já os pés devem envolver o "polo sul" da bexiga.

Cartografia escolar: a cartografia da sala de aula (segundo volume), de Eugênio Pacceli da Fonseca. Belo Horizonte: edição do autor. p. 56. (Texto adaptado).

2. Esvazie o balão. Com a tesoura, recorte o balão na parte de trás do desenho, da boca até sua base.

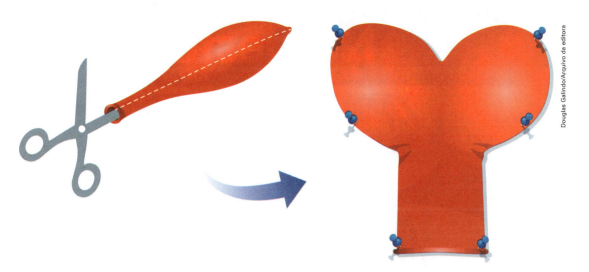

Douglas Galindo/Arquivo da editora

3. Com cuidado, estique o balão em uma superfície plana, como uma prancheta de papel. Você também pode pregar o balão em uma superfície mole, como um quadro de cortiça, utilizando alfinetes.

4. Desenhe nos espaços a seguir seu boneco visto de frente no balão cheio e como ficou depois de esticado.

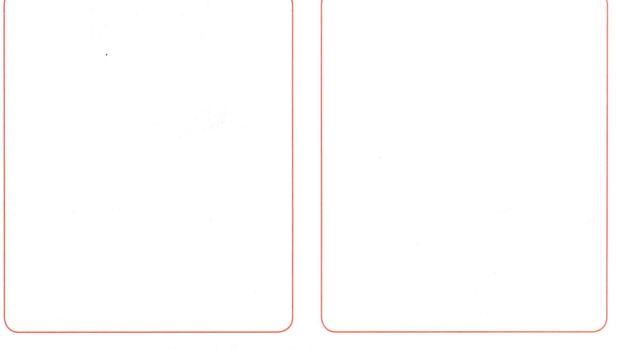

O que aconteceu com a forma do boneco? Por que essa experiência nos ajuda a entender como o globo e o planisfério representam a superfície do planeta?

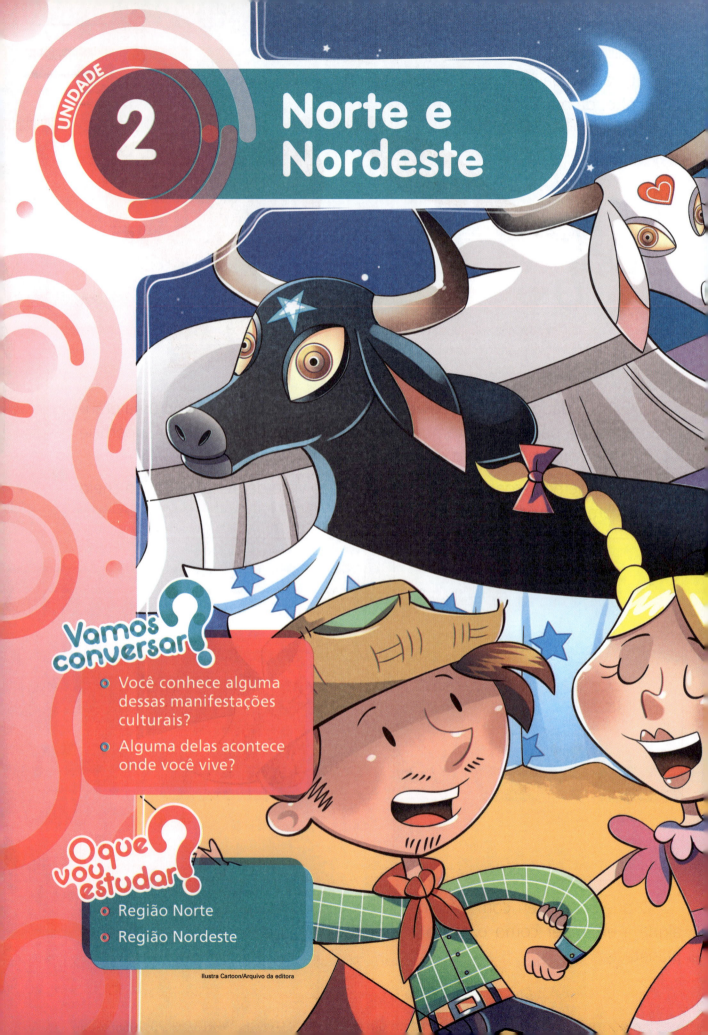

Norte e Nordeste

Vamos conversar?

- Você conhece alguma dessas manifestações culturais?
- Alguma delas acontece onde você vive?

O que vou estudar?

- Região Norte
- Região Nordeste

Ilustra Cartoon/Arquivo da editora

Região Norte: político

Atlas geográfico escolar.
5. ed. Rio de Janeiro:
IBGE, 2009. p. 90.

A região Norte é a mais extensa das regiões brasileiras. Ela é formada por sete estados, conforme mostra a tabela abaixo.

Estado	Capital	Área (km²)	População estimada (2014)
Acre	Rio Branco	164 123	733 559
Amapá	Macapá	142 828	750 912
Amazonas	Manaus	1 559 159	3 483 985
Pará	Belém	1 247 955	8 073 924
Rondônia	Porto Velho	237 591	1 748 531
Roraima	Boa Vista	224 300	496 936
Tocantins	Palmas	277 721	1 496 880

IBGE. **Estados@**. Disponível em: <www.ibge.gov.br/estadosat>. Acesso em: 16 out. 2014.

Canteiro de obras da ferrovia Madeira-Mamoré, que atravessava área de extração de látex (RO), cerca de 1910.

Forte Príncipe da Beira em Costa Marques (RO), 2014.

Teatro Amazonas, em Manaus (AM), 2010.

Trecho da Floresta Amazônica próximo à cidade de Manaus (AM), 2014.

● Aspectos humanos da região Norte

População

A região Norte é pouco povoada e sua população está mal distribuída. A maior parte concentra-se nas capitais dos estados e em municípios situados às margens dos grandes rios.

Mais da metade da população da região é formada por caboclos (mestiços de indígenas com brancos). Há poucos brancos e negros. Há também alguns povos indígenas que vivem nas florestas ou nas reservas mantidas pelo governo.

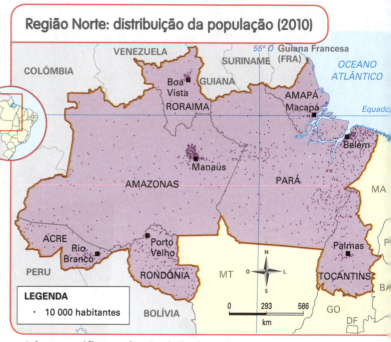

Região Norte: distribuição da população (2010)

Atlas geográfico escolar. 6. ed. Rio de Janeiro: IBGE, 2012. p. 113.

Tipos humanos

Existem alguns tipos de trabalhador bem característicos da região Norte, por causa das atividades econômicas que desempenham:

- o castanheiro, que extrai a castanha-do-pará;
- o seringueiro, que extrai o látex das seringueiras para a fabricação da borracha;
- o vaqueiro, que cuida do gado, principalmente na ilha de Marajó e no estado do Tocantins;
- o juticultor, que cultiva a juta para a obtenção de fibras têxteis;
- o garimpeiro, que trabalha na exploração de ouro e diamantes.

Vaqueiros conduzindo rebanho bovino em Araguaína (TO), 2013.

Folclore

A região Norte sofreu grande influência da cultura indígena. As principais manifestações do riquíssimo folclore da região são:

- **festas populares** – Círio de Nazaré, em Belém (no Pará); Festival Folclórico de Parintins, na ilha de Tupinambarana (no Amazonas), no final do mês de junho (grandioso espetáculo proporcionado pelas agremiações Boi Garantido e Boi Caprichoso, que apresentam belíssimas alegorias na encenação de lendas da Amazônia);

Edu Lyra/Pulsar Imagens

Delfim Martins/Pulsar Imagens

Procissão fluvial na Festa do Círio de Nazaré, em Belém (PA), 2012.

Festa de Parintins (AM), 2010.

- **danças** – carimbó, marujada, boi-bumbá, cirandas;
- **lendas** – do Sumé, das Amazonas, Mãe-d'água, Vitória-Régia, Saci-Pererê, Uirapuru, Boto cor-de-rosa;
- **artesanato** – cerâmicas, artigos feitos com palha, bonecos de barro;
- **pratos típicos** – caldeirada de tucunaré, pato no tucupi, pirarucu.

1 Consulte o quadro da página 176 e complete as frases.

a) O estado do .... é o mais extenso da região Norte e o estado do .... é o que tem o menor território.

b) Já o estado do .... é o mais populoso dessa região, e o estado de .... é o que tem a menor população.

2 Observe o mapa da região Norte e faça o que se pede.

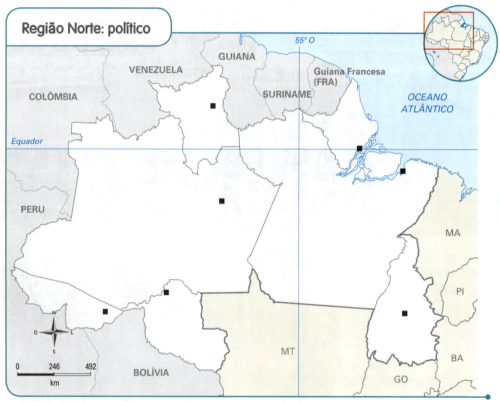

Atlas geográfico escolar. 5. ed. Rio de Janeiro: IBGE, 2009. p. 90.

a) Pinte, no mapa acima, cada estado da região Norte de uma cor.

b) Escreva o nome de todos os estados dessa região e de suas capitais.

c) Responda: quais estados são atravessados pela linha do equador?

....

Saiba mais

Os povos da floresta

Você conhece a expressão "povos da floresta"?

Habitantes tradicionais da floresta Amazônica – índios, seringueiros, castanheiros etc. – que baseiam seu modo de vida na extração de produtos como a borracha, a castanha, a batata, os óleos vegetais e outros. Além disso, dedicam-se à caça e à pesca não predatória, bem como à agricultura de subsistência. Os povos da floresta são grupos sociais que precisam da mata e dos rios para sobreviver, e sabem como utilizar os recursos naturais sem destruí-los.

Instituto de Pesquisa Ambiental da Amazônia. Disponível em: <www.ipam.org.br/saiba-mais/glossariotermo/Povos-da-Floresta-/57>. Acesso em: 17 out. 2014.

Os povos indígenas são a principal referência de relação harmoniosa com a floresta, mas na região Norte encontramos outros grupos que também desenvolvem atividades que transformam muito pouco as paisagens. Há, por exemplo, formas de se extrair a borracha das seringueiras sem comprometer o funcionamento da floresta.

Ilustra Cartoon/Arquivo da editora

● Aspectos naturais da região Norte

Floresta Amazônica

A **floresta Amazônica** ocupa grande parte da região Norte. É a maior floresta equatorial do planeta, por isso é uma das mais importantes do mundo. Apresenta uma enorme variedade de espécies de plantas e de animais. Ela tem um importante papel no clima da região, e sua vida está associada aos rios da Amazônia.

A floresta Amazônica é formada por muitos tipos de árvores, bastante próximas umas das outras. Em terra firme, predominam árvores altas, com copas largas e troncos grossos. Entre elas, crescem arbustos, cipós e trepadeiras.

Nas últimas décadas, o ritmo de devastação da floresta Amazônica tornou-se preocupante, pois uma grande quantidade de árvores foi rapidamente eliminada. Ainda assim, esse domínio natural conserva grande parte da vegetação original.

Vista interna da floresta Amazônica, em Alta Floresta (MT), 2011.

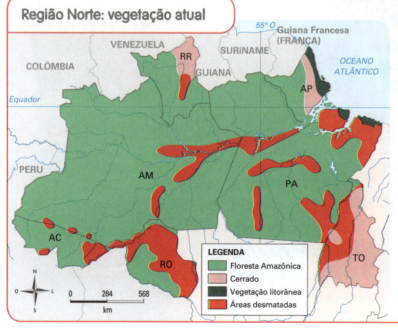

Região Norte: vegetação atual

LEGENDA
- Floresta Amazônica
- Cerrado
- Vegetação litorânea
- Áreas desmatadas

Geoatlas, de Maria Elena Simielli. 34. ed. São Paulo: Ática, 2013. p. 121.

Trecho do leito do rio Negro, em Manaus (AM), 2012.

A bacia hidrográfica do rio Amazonas

A bacia do rio Amazonas ocupa a maior parte da região Norte. Há, ainda, na região as bacias hidrográficas dos rios do estado do Amapá que deságuam no Atlântico e também os rios existentes na ilha de Marajó.

O Amazonas não é um rio totalmente brasileiro. Ele nasce no Peru, na cordilheira dos Andes, com o nome de Vilcanota. De lá, desce e chega ao nosso território atravessando grande parte do estado do Amazonas com o nome de Solimões. Ao encontrar o rio Negro, recebe o nome de Amazonas.

O Amazonas é o maior rio do mundo em volume de água. É um rio de planície muito importante para a navegação. Desemboca no oceano Atlântico, junto à ilha de Marajó, no Pará.

Saiba mais

Jirau e Santo Antônio

No rio Madeira, em Rondônia, estão sendo construídas duas grandes usinas hidrelétricas: Jirau e Santo Antônio.

Ambientalistas alertam que as construções podem afetar não só a fauna e a flora, mas também a própria população. Estudos concluem que as barragens podem provocar a disseminação de doenças tropicais, por causa da interrupção do fluxo de água.

Leia o texto abaixo e depois responda às perguntas.

As florestas tropicais e as mudanças climáticas globais

A situação atual poderia ser descrita da seguinte forma: 1) ainda temos grande parte da floresta Amazônica em pé, mas a invasão humana é iminente. Queimadas da floresta nativa trocam as paisagens por pastagens ou cidades; 2) já destruímos grande parte da mata Atlântica, estamos destruindo rapidamente o cerrado. As soluções imediatas para os dois problemas seriam: a) parar as queimadas na Amazônia e intensificar os programas de conservação e uso sustentável; b) regenerar pelo menos parte das florestas e cerrado perdidos. Estas duas atitudes já seriam passos enormes no auxílio ao problema do CO_2 e das mudanças climáticas, pois deixaríamos de perder capacidade de sequestrar carbono. Mas só isso não é suficiente, pois as emissões continuam e continuarão aumentando por conta do rápido avanço dos países em desenvolvimento (Ásia, América Latina e o Leste Europeu). Assim, na situação de momento parece ser praticamente impossível diminuirmos as emissões de carbono sujo no curto e médio prazo. Se isso ocorrer, as consequências climáticas serão drásticas. Há previsão de um aumento médio de temperatura na Amazônia de 5 °C. Parece pouco, mas estamos falando de média, isso significa que em alguns locais a temperatura poderia passar dos 45 °C, o que torna a existência de muitas plantas impossível. Sem plantas não há consumo de CO_2, e consequente produção de biomassa. Portanto não há floresta e consequentemente não haverá mais sequestro de carbono. O "saldo geral" de tudo isso é que se tentarmos uma previsão para os próximos 30 a 50 anos, o sentido parece ser de diminuir o sequestro de carbono e não de aumentá-lo. As previsões de aumento de CO_2, com a base na atividade industrial da qual todos dependemos, indicam que o aumento deste gás dobrará em meados do século XXI.

As florestas tropicais e as mudanças climáticas globais: atitudes pessoais e alternativas para uma biotecnologia ambiental para o sequestro de carbono, de Marcos S. Buckridge. In: **Mundo sustentável: abrindo espaço na mídia para um planeta em transformação**, de André Trigueiro. São Paulo: Globo, 2005.

a) A expressão "sequestro de carbono" se refere a formas que o próprio ambiente tem de conter e reverter o acúmulo de CO_2 na atmosfera. O acúmulo desse componente no ambiente causa sérios danos aos seres vivos, por exemplo. Procure o significado da palavra **emissão** e registre-o no espaço abaixo.

....

....

....

....

b) Procure no texto os problemas que a emissão de CO_2 pode trazer para a Amazônia.

....

....

....

....

....

c) Pesquise maneiras de diminuir a emissão de CO_2. Escreva suas descobertas nas linhas abaixo.

....

....

....

....

....

....

....

● Atividades econômicas da região Norte

Agricultura

Muitos habitantes da região Norte praticam a agricultura de subsistência, em geral nas margens dos rios (nas chamadas várzeas). São pequenas plantações de arroz, feijão, mandioca, milho e cana-de-açúcar.

Atualmente, em algumas regiões, é praticada a agricultura comercial. Os principais produtos agrícolas são a mandioca, a juta, a pimenta-do-reino, o cacau, o guaraná e a malva.

Ernesto Reghran/Pulsar Imagens

❋ Cultivo de guaraná em Humaitá (AM), 2009.

Pecuária

Na região Norte são criados principalmente bovinos e suínos. A criação de bovinos é, na sua maioria, extensiva.

Na ilha de Marajó há grandes criações de búfalos. Além de fornecer carne e leite, esses animais também são utilizados como meio de transporte.

❋ Criação de búfalos na ilha de Marajó (PA), 2013.

Ana Mokarzel/Pulsar Imagens

Extrativismo

Uma das atividades econômicas mais importantes na região Norte é o extrativismo, isto é, a extração de produtos da natureza.

No extrativismo vegetal são explorados os recursos vegetais que a floresta oferece: borracha, castanha, madeiras, sementes oleaginosas, entre outros. As madeiras de lei também são um importante produto de extração vegetal na região.

Quanto ao extrativismo animal, a caça e a pesca são bastante praticadas na região. Infelizmente, a falta de controle na prática dessas atividades vem provocando o desaparecimento de diversas espécies da fauna local.

O extrativismo mineral tem conquistado importância cada vez maior na região Norte, que abriga algumas das maiores reservas minerais do mundo. Os principais produtos são manganês, cassiterita, bauxita, ouro e petróleo.

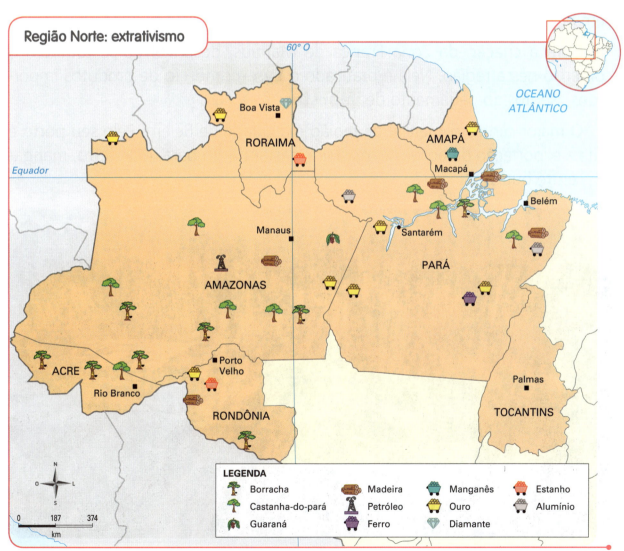

Atlas geográfico ilustrado, de Graça Maria Lemos Ferreira e Marcelo Martinelli. 4. ed. São Paulo: Moderna, 2012. p. 30.

Indústria e comércio

Manaus e Belém são os dois maiores centros industriais do Norte.

Com a criação do Distrito Industrial da Zona Franca de Manaus, a indústria de transformação da região teve um grande estímulo, principalmente nos setores de aparelhos eletrônicos e de eletrodomésticos. Parte dessas indústrias é multinacional, ou seja, são empresas estrangeiras que atuam em nosso país. Elas montam os produtos com as peças que vêm prontas de seus países.

Rubens Chaves/Pulsar Imagens

Área industrial de Manaus (AM), 2014.

Com a criação da Zona Franca de Manaus, desenvolveu-se também o comércio nessa região. Nela é praticado o ==livre-comércio== de produtos importados, isentos do pagamento de ==impostos==.

O maior centro comercial da região é a cidade de Belém. Pelo seu porto é feita a exportação de borracha, madeira, castanha-do-pará, juta, ferro, manganês, entre outros.

Ricardo Teles/Pulsar Imagens

Centro da cidade de Belém (PA), 2010.

Transporte

As principais vias de transporte na região Norte são os rios – os rios têm, em geral, longos trechos navegáveis, o que possibilita à população deslocar-se pela região. Destacam-se os portos de Manaus e Belém.

O transporte rodoviário vem se desenvolvendo na região. As principais rodovias são a Belém-Brasília, a Cuiabá-Santarém e a Cuiabá-Porto Velho, ainda insuficientes em razão da extensão da região.

Barco de transporte escolar em Aveiro (PA), 2014.

As ferrovias são poucas, destacando-se aquelas utilizadas para o transporte de minérios explorados na região, como a Estrada de Ferro Amapá, que transporta o manganês, e a Estrada de Ferro Carajás, para o transporte de ferro.

O transporte aéreo é muito usado em razão das grandes distâncias. Os principais aeroportos são os de Manaus e de Belém.

Turismo

A região Norte apresenta muitas atrações turísticas. As principais são: o rio Amazonas e os passeios pelos igarapés; a ilha de Marajó; o Teatro Amazonas (em Manaus); o mercado Ver-o-Peso e o Museu Paraense Emílio Goeldi (ambos em Belém); e Alter do Chão (próximo à Santarém, no Pará) com suas belíssimas praias às margens do rio Tapajós, apelidadas de Caribe amazônico.

O encontro das águas dos rios Solimões e Negro é um dos grandes atrativos turísticos para os visitantes de Manaus (AM), 2012.

Cassandra Cury/Pulsar Imagens

Edson Grandisoli/Pulsar Imagens

Atividades

1 Complete.

a) Estados onde se concentram as atividades de extrativismo mineral:
....

b) Lugar onde há grandes criações de búfalos: ....

c) Os dois maiores centros industriais da região Norte: ....

d) Os portos com destaque nessa região: ....

2 Responda às questões.

a) O que é a Zona Franca de Manaus?

....

....

....

....

b) Em que estado ela se localiza?

....

3 Pesquise, pense e responda às perguntas.

a) O que é desenvolvimento sustentável?

....

....

....

b) Como você acha que a ideia de desenvolvimento sustentável pode ser usada nas atividades econômicas extrativistas?

....

4 Vamos fazer um folheto de viagem? Escolha e pesquise uma das atrações turísticas da região Norte. Crie um folheto dizendo o que há de divertido e interessante para fazer lá.

5 O ser humano pode utilizar os rios para diversas finalidades. Eles podem ser importantes vias de transporte, proporcionar atividades de lazer ou ser usados para a pesca e a produção de energia elétrica.

○ Relacione os rios ao modo como são aproveitados pelo ser humano.

1. Lazer

2. Transporte

3. Pesca

4. Obtenção de energia

Ilustrações: Ilustra Cartoon/Arquivo da editora

6 Passa algum rio pelo seu município? Se sim, pesquise se ele é aproveitado e se suas águas são poluídas ou não. Se não passar nenhum, pesquise sobre os rios dos municípios vizinhos.

....

....

....

....

Amazônia: um refúgio para as populações indígenas?

Indígenas em audiência no Supremo Tribunal Federal, em Brasília (DF), 2008.

A terra indígena Raposa Serra do Sol, em Roraima, tem uma história de conflitos: desde sua identificação, em 1993, até a garantia definitiva da posse pelos povos que a ocupam, em 2009, foram dezessete anos de luta.

Mesmo após a demarcação das terras, são frequentes os conflitos entre populações indígenas e não indígenas. A construção de estradas e a exploração de recursos minerais são algumas das razões desses conflitos.

Destruição de sede da Funai, em Humaitá (AM), onde indígenas e não indígenas entraram em conflito. Foto de 2013.

- Como vivem os povos indígenas na Amazônia: podemos dizer que a floresta Amazônica serve de refúgio para essas populações?

- Qual a importância de se demarcarem as terras indígenas? Por que a terra é tão importante para os povos indígenas?

- A demarcação das terras indígenas resolve os conflitos entre populações indígenas e não indígenas? Por quê?

- No município onde você vive há populações indígenas? Eles vivem em terras demarcadas?

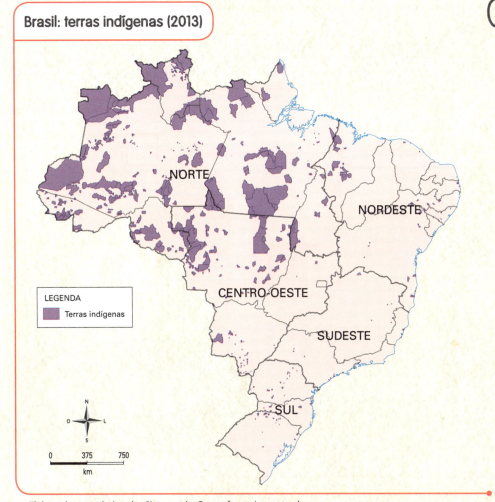

Brasil: terras indígenas (2013)

LEGENDA

Terras indígenas

NORTE

NORDESTE

CENTRO-OESTE

SUDESTE

SUL

N
O — L
S

0   375   750
km

Elaborado com dados de: Sistema de Georreferenciamento do Setor Elétrico. Disponível em: <http://sigel.aneel.gov.br/sigel.html>. Acesso em: 7 fev. 2015.

O tamanho das terras indígenas varia bastante. Para identificar e demarcar a área necessária para uma comunidade, os técnicos precisam considerar várias informações, pois cada povo tem necessidades diferentes quanto à área ocupada.

o Organize uma lista das regiões de acordo com a área ocupada pelas terras indígenas, da região com maior concentração até aquela que quase não as possui.

o Que região concentra mais terras indígenas? Quais são as características do meio físico predominantes nessa região?

o Onde se concentram as maiores cidades brasileiras? Nessa área há muitas terras indígenas? Por que isso ocorre?

Região Nordeste: político

Arquipélago de Fernando de Noronha (PE)

Atlas geográfico escolar. 5. ed. Rio de Janeiro: IBGE, 2009. p. 90.

A região Nordeste é formada por nove estados, todos banhados pelo oceano Atlântico. Veja informações sobre esses estados na tabela abaixo.

Estado	Capital	Área (km²)	População estimada (2014)
Alagoas	Maceió	27 778	3 321 730
Bahia	Salvador	564 692,6	14 021 432
Ceará	Fortaleza	148 920	8 842 791
Maranhão	São Luís	331 937	6 850 884
Paraíba	João Pessoa	56 470	3 943 885
Pernambuco	Recife	98 148	9 277 727
Piauí	Teresina	251 577	3 194 718
Rio Grande do Norte	Natal	52 811	3 408 510
Sergipe	Aracaju	21 915	2 219 574

IBGE. **Estados@**. Disponível em: <www.ibge.gov.br/estadosat>. Acesso em: 17 out. 2014.

Reprodução/Fundação Biblioteca Nacional; Rio de Janeiro; RJ.

Rogério Reis/Pulsar Imagens

Rubens Chaves/Pulsar Imagens

Rogério Reis/Pulsar Imagens

Porto do Rio Paraíba, gravura de Jan van Brosterhuisen (1647).

Centro de João Pessoa (PB), 2013.

Plantação de cana-de-açúcar em São José do Mipibu (RN), 2014.

Área úmida do Sertão conhecida como brejo, em Alagoa Grande (PB), 2013.

● Aspectos humanos da região Nordeste

População

O Nordeste é a segunda região mais populosa do Brasil. A população está muito mal distribuída: é bastante numerosa no litoral, enquanto a área mais interior é pouco povoada.

Quando a seca piora muito, parte da população que vive no Sertão, região de clima semiárido, vai para outras cidades em busca de alimento e trabalho. Em diversos períodos do século XX, muitos nordestinos abandonaram a região para viver em outros estados, principalmente do Sudeste.

Região Nordeste: distribuição da população (2010)

LEGENDA
· 10 000 habitantes

Atlas geográfico escolar. 6. ed. Rio de Janeiro: IBGE, 2012. p. 113.

Tipos humanos

Estes são alguns trabalhadores bem característicos da região:

- o jangadeiro, que trabalha na pesca;

- o barranqueiro, que percorre de canoa o rio São Francisco, levando pessoas e mercadorias;

- o vaqueiro, que cuida do gado no Sertão;

- a baiana, que vende comidas típicas;

- a rendeira, que faz rendas e vive principalmente no Ceará.

Fabio Colombini/Acervo do fotógrafo

Baiana do acarajé, em Salvador (BA), 2009.

Folclore

Na região Nordeste, as principais manifestações do folclore são:

- **festas populares** – Nosso Senhor do Bonfim (na Bahia), romarias em homenagem ao padre Cícero (no Ceará), vaquejada (em Pernambuco), carnaval e festas juninas (festejados em toda a região);

- **danças e folguedos** – frevo, forró, baião, bumba meu boi, congada, capoeira, maracatu, pastoril e caboclinho, marujada;

- **lendas e mitos** – Saci-Pererê, Caipora, Iara, Boitatá, Curupira, Lobisomem;

- **pratos típicos** – vatapá, carne de sol, acarajé, pamonha, caruru, cocada.

Baião de dois, prato típico da cozinha nordestina.

Apresentação de maracatu em Nazaré da Mata (PE), 2014.

Saiba mais

Frevo: patrimônio cultural do Brasil

O frevo, ritmo pernambucano associado ao carnaval, foi reconhecido como parte de nosso patrimônio cultural. Isso significa que ele guarda elementos essenciais de nossa cultura que devem ser preservados.

Mas como preservar um ritmo musical? Há diversas formas de registro das músicas, assim como das apresentações nas ruas durante o carnaval. E, claro, conhecer o frevo e prestigiar seus artistas é também uma forma de preservá-lo.

Aspectos naturais da região Nordeste

A região Nordeste caracteriza-se por apresentar vários tipos de clima e de vegetação. É um território que apresenta, ainda, diversos relevos e solos.

Dentre os rios que percorrem a região Nordeste, podemos citar: São Francisco, Parnaíba, Mearim, Pindaré, Itapecuru e Gurupi.

O rio São Francisco é a maior e mais próxima fonte de água perene da região Nordeste. Ele é o único rio que atravessa o Sertão sem secar, por isso é chamado de permanente. Os rios do Sertão, em sua maioria, são chamados de temporários, pois ficam sem água nos tempos mais secos.

O Velho Chico, como é conhecido o rio São Francisco, nasce no estado de Minas Gerais, na região Sudeste, e desemboca no oceano Atlântico entre os estados de Alagoas e Sergipe. Em alguns trechos, a navegação fluvial é intensa.

João Prudente/Pulsar Imagens

Barco no rio 🔆 São Francisco, no município de Penedo (AL), 2009.

Palê Zuppani/Pulsar Imagens

O rio Parnaíba também é muito importante para a região Nordeste. Ele banha os estados do Piauí e do Maranhão e é chamado carinhosamente de Velho Monge. Navegável em toda a sua extensão, ele abriga a usina hidrelétrica de Boa Esperança, no estado do Piauí. Ao longo do rio, também se desenvolvem atividades pesqueiras.

Antes de desaguar no oceano, o rio forma um delta, ou seja, se ramifica formando uma área cheia de pequenos rios e ilhas, que estimula o turismo na região.

🔆 Grupo de turistas em dunas do delta do rio Parnaíba, em Ilha Grande (PI), 2009.

Por ser um rio de planalto, o São Francisco tem várias cachoeiras e quedas-d'água, que são aproveitadas para a produção de energia elétrica por meio de <mark>usinas hidrelétricas</mark>, como a de Paulo Afonso (na Bahia) e a de Três Marias (em Minas Gerais).

Usina hidrelétrica de Paulo Afonso, no rio São Francisco (BA), 2012.

Franco Hoff/Pulsar Imagens

Caatinga

Essa é a vegetação típica do Sertão nordestino. É formada por arbustos que se entrelaçam com vários tipos de cacto e outras plantas com espinhos. As folhas espinhosas são uma defesa das plantas contra a seca: elas ajudam a reter a água necessária para sua sobrevivência. Algumas plantas conservam água em seu interior e são usadas como alimento para os animais.

Durante o período de seca, predomina na caatinga a cor marrom. Mas, assim que as chuvas começam a cair, tudo se cobre de verde.

Palê Zuppani/Pulsar Imagens

Área de caatinga no período de chuva, em Juazeiro (BA), 2010.

A transposição do rio São Francisco

O governo federal iniciou em 2007 o projeto de transposição do rio São Francisco. O projeto construirá imensos canais de ligação do São Francisco com outros rios menores da região semiárida do Nordeste para abastecer rios temporários e açudes do Sertão. Em 2014, os atrasos nas obras eram de cerca de quatro anos.

O projeto de transposição tem dois "eixos", norte e leste, cada um deles dirigido a uma grande área do Semiárido nordestino.

Principais mudanças previstas pela transposição do rio São Francisco	
Positivas	Negativas
Geração de emprego e renda durante a implantação.	Perda temporária de empregos e de renda por efeito das desapropriações.
Incentivo à economia regional.	Modificação e risco de redução da composição das comunidades biológicas aquáticas nativas das bacias receptoras.
Aumento da oferta de água para abastecimento urbano.	Introdução de tensões e riscos sociais durante a fase de obra.
Abastecimento de água das populações rurais.	Possibilidade de interferências com populações indígenas.
Redução da exposição da população a situações emergenciais de seca.	Pressão sobre a infraestrutura urbana.
Incentivo a atividades agrícolas e incorporação de novas áreas ao processo produtivo.	Risco de interferência com o patrimônio cultural.
Melhoria da qualidade da água nas bacias receptoras.	Perda e fragmentação de cerca de 430 hectares de áreas com vegetação nativa e de *habitat* da fauna terrestre.
Diminuição do êxodo rural e da emigração da região.	Risco de introdução de espécies de peixes potencialmente daninhas ao ser humano nas bacias receptoras.
Redução da exposição da população a doenças e óbitos.	Interferência sobre a pesca nos açudes receptores.
Redução da pressão sobre a infraestrutura de saúde.	Modificação do regime fluvial das drenagens receptoras.

Adaptado de: <www.integracao.gov.br/saofrancisco/integracao>. Acesso em: 13 jun. 2011.

A chapada Diamantina

A chapada Diamantina ergue-se na região central do estado da Bahia, na região Nordeste do Brasil. O nome Diamantina vem da exploração de diamantes, atividade que surgiu nos tempos da mineração e permanece até os dias de hoje. [...]

A força das águas e a escultura de pedra

[...]

A chuva que cai na região é responsável pela formação de pequenos córregos que nascem nas cabeceiras das serras e serpenteiam pela paisagem. Muitos rios só aparecem no verão, quando as chuvas são mais intensas. Os rios formam uma rede de canais que, conforme os degraus do relevo, sulcam os vales e as cavernas. Ou seja, a água age sobre as rochas como se fosse um escultor entalhando formas na pedra. Essa união entre água e rocha às vezes cria figuras belíssimas [...].

Aprendendo História e Geografia, de César Coll e Ana Teberosky. São Paulo: Ática, 2000.

A ação da chuva é como um escultor que entalha formas na pedra, criando figuras belíssimas. Chapada Diamantina (BA), 2007.

Zé Zuppani

Atividades

1 Observe o mapa da região Nordeste e faça o que se pede.

Região Nordeste: político

São Luís

Fortaleza

Arquipélago de Fernando de Noronha (PE)

5° S

Teresina

Natal

João Pessoa

Recife

Maceió

Aracaju

Salvador

DF

45° O

0   220   440
km

N
O   L
S

Atlas geográfico escolar. 5. ed. Rio de Janeiro: IBGE, 2009. p. 90.

a) Pinte, no mapa acima, cada estado da região Nordeste de uma cor.

b) Escreva o nome de todos os estados dessa região.

c) Escreva o nome do oceano que banha a costa brasileira.

d) Escreva as siglas dos estados vizinhos da região Nordeste.

e) Agora, escreva abaixo o nome dos estados vizinhos da região Nordeste (que você identificou no mapa por meio de siglas) e a região a qual eles pertencem.

....

....

....

....

2 Observe o mapa e responda às perguntas.

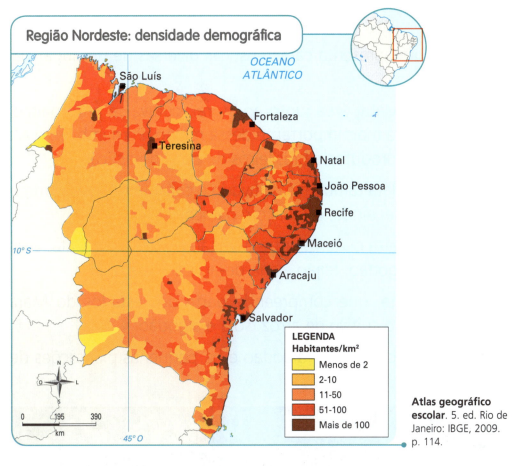

Região Nordeste: densidade demográfica

OCEANO ATLÂNTICO

São Luís
Fortaleza
Teresina
Natal
João Pessoa
Recife
Maceió
Aracaju
Salvador

10° S

45° O

N
O · L
S

0   195   390
km

LEGENDA
Habitantes/km²

Menos de 2
2-10
11-50
51-100
Mais de 100

Atlas geográfico escolar. 5. ed. Rio de Janeiro: IBGE, 2009. p. 114.

a) O que o mapa indica?

....

....

b) Qual é a área mais populosa da região Nordeste? Qual é a menos populosa?

....

....

....

c) O que acontece quando a seca se prolonga na região do Sertão?

....

....

....

● Atividades econômicas da região Nordeste

Agricultura

A agricultura apresenta características diversas de um lugar para outro do Nordeste.

Na Zona da Mata, área junto ao litoral, cultiva-se principalmente a cana--de-açúcar, cultura mais importante dessa região. Pernambuco e Alagoas estão entre os maiores produtores brasileiros de cana-de-açúcar.

Na Zona da Mata também é cultivado o cacau, principalmente na Bahia. Na região, plantam-se, ainda, o tabaco e o coco.

No Agreste, faixa de terra entre o Sertão e a Zona da Mata, vários produtos são cultivados: algodão, feijão, cana-de-açúcar, café, milho.

No Meio-Norte, que compreende parte dos estados do Maranhão e do Piauí, predomina o cultivo de arroz, soja e algodão.

No Sertão, é cultivado o algodão e há pequenas plantações de mandioca, milho e feijão.

Zig Koch/Pulsar Imagens

No Sertão, encontramos, ainda, cultivos irrigados de frutas. Na imagem, plantações de hortaliças e bananas em Canudos (BA), 2012.

Pecuária

A pecuária é a atividade econômica mais importante do Sertão, destacan-do-se os rebanhos de gado ovino e caprino. Os animais são criados soltos na caatinga.

O primeiro estado da região Nordeste na criação de ovinos e caprinos é a Bahia, seguida do Ceará.

Du Zuppani/Pulsar Imagens

* Salinas em Areia Branca (RN), 2011.

Extrativismo

No extrativismo, destacam-se:

- a pesca, praticada em grande escala no extenso litoral nordestino;
- a coleta vegetal, destacando-se a extração de carnaúba e babaçu;
- a mineração, ressaltando-se a exploração de petróleo em vários estados (principalmente na Bahia) e a extração do sal, que é outro importante mineral explorado (o Rio Grande do Norte é o maior produtor brasileiro de sal).

Indústria

Há no Nordeste, além das indústrias extrativas, indústrias de transformação que aproveitam os produtos agrícolas, animais e minerais da região, destacando-se as de açúcar e álcool, de fiação e tecelagem, de couro, de laticínios, de carnes e a petrolífera.

Os principais centros industriais da região Nordeste estão localizados nas cidades de Recife, Salvador e Fortaleza.

Rubens Chaves/Pulsar Imagens

Vista aérea de área industrial em Fortaleza (CE), 2013. *

Comércio

Os maiores centros comerciais do Nordeste localizam-se principalmente nas capitais e em alguns municípios do interior como: Feira de Santana, Itabuna, Ilhéus e Jequié (na Bahia); Caruaru, Garanhuns, Petrolina e Olinda (em Pernambuco); Campina Grande (na Paraíba); Sobral e Maranguape (no Ceará); Mossoró (no Rio Grande no Norte); Arapiraca e Penedo (em Alagoas); Imperatriz (no Maranhão); Propriá (em Sergipe); Picos (no Piauí).

O Nordeste vende para outros estados e países produtos como cera de carnaúba, petróleo, algodão e camarão. A região compra de outros países e de outras regiões brasileiras produtos como trigo, combustíveis e máquinas, entre outros.

Marcos André/Opção Brasil Imagens

Banca de artesanato na feira de Caruaru, reconhecida como patrimônio cultural (PE), 2012.

Transporte

As rodovias são as vias mais utilizadas na região Nordeste para o transporte de pessoas e produtos.

Duas extensas rodovias ligam o Nordeste ao Sudeste e ao Sul: a BR-116 (que é conhecida, no trecho entre o Nordeste e o Sudeste, como Rio-Bahia) e a BR-101, ou Translitorânea (que beira o litoral).

A rede ferroviária nordestina é pouco expressiva. Ela faz principalmente a ligação do Sertão com a Zona da Mata.

O transporte fluvial é feito sobretudo pelos rios São Francisco e Parnaíba.

A navegação marítima é mais utilizada para a importação e a exportação de produtos. Os principais portos são os de Recife, Salvador, Fortaleza, Ilhéus, Maceió e São Luís.

O transporte aéreo é bastante utilizado, principalmente no verão, levando passageiros para as áreas turísticas do Nordeste. Em todas as capitais da região há aeroportos, destacando-se os de Salvador, Recife e Fortaleza.

Turismo

O Nordeste tem muitas atrações turísticas. As principais são:

- as cidades históricas, como Olinda (em Pernambuco) e Porto Seguro (na Bahia);

- as grandes capitais, como Salvador, Recife e Fortaleza;

- as praias;

- a cidade de Nova Jerusalém (em Pernambuco), onde, durante a Semana Santa, é encenada, ao ar livre, a Paixão de Cristo;

- os mercados e as feiras típicas.

Veja imagens de algumas dessas atrações da região Nordeste:

Turistas no Parque Nacional da Chapada Diamantina, em Andaraí (BA), 2011.

Elevador Lacerda, no centro histórico de Salvador (BA), 2014.

Praia do Centro, em Tibau do Sul (RN), 2013.

Atividades

1 Faça o que se pede no mapa abaixo.

Atlas geográfico escolar. 5. ed. Rio de Janeiro: IBGE, 2009. p. 90.

a) Localize os estados da região Nordeste com as respectivas siglas.

b) Pinte de verde os dois estados que estão entre os maiores produtores de cana-de-açúcar do Brasil.

c) Pinte de amarelo o estado que é um grande produtor de cacau.

d) Pinte de roxo os estados onde predominam os cultivos de arroz, soja e algodão.

e) Indique com um símbolo os dois estados nos quais predomina a criação de gado (ovinos e caprinos).

f) Invente um título e escreva-o no quadro do alto do mapa.

g) Crie, no outro quadro, uma legenda para explicar o que está representado no mapa.

2 Na região Nordeste a indústria extrativa é uma atividade econômica importante.

○ Responda: quais são os principais ramos do extrativismo explorados nessa região?

....

....

....

3 Reúna-se com alguns colegas para realizar a atividade abaixo.

a) Seu grupo vai fazer uma pesquisa com o tema **A** "Como é feita a extração do sal" ou com o tema **B** "Como se dá a coleta do babaçu e da carnaúba".

b) Ao final, cada grupo apresentará ao restante da turma o que descobrir.

4 Reúna-se com o mesmo grupo da atividade 3 e escolha uma capital do Nordeste. Pesquisem em um guia de viagem:

a) a distância entre o município onde vocês moram e a capital que escolheram;

....

....

b) os meios de transporte (ônibus, avião, barco, entre outros) com que é possível ir do estado onde vocês moram até lá;

....

....

c) as principais atrações da capital que vocês escolheram;

....

....

d) outras informações que vocês acharem interessantes.

....

....

Ideias em ação

Nas florestas tropicais, apenas a copa das árvores recebe luz solar. Embaixo da copa, à sombra, as plantas não conseguem se desenvolver. É preciso aguardar que uma árvore morra para abrir um lugar ao sol.

Méga Expériences. Paris: Nathan, 1995. p. 35. (Texto traduzido).

Material necessário

- cenoura com folhas
- colher
- barbante
- palito de dente
- pedaço de madeira

Osni de Oliveira/Arquivo da editora

Como fazer

1. Parta a cenoura ao meio, preservando a porção mais próxima das folhas. Retire delicadamente uma parte do interior da cenoura com o auxílio da colher, até formar um recipiente.

2. Atravesse a cenoura com o palito e prenda o barbante em suas pontas.

3. Mantenha a cenoura suspensa em um lugar bem iluminado. Preencha o espaço interno com água.

4. Todo dia você deve completar a água do recipiente da cenoura.

O que acontece com as folhas ao longo dos dias?

A experiência a seguir é mais simples, mas também vai ajudá-lo a descobrir o papel da luz solar sobre as plantas.

1. Coloque um pedaço de madeira sobre um gramado.

2. Deixe-o lá durante alguns dias e, então, retire-o.

O que aconteceu com o trecho do gramado que ficou coberto pela madeira?

Ilustrações: Osni de Oliveira/Arquivo da editora

Atividades adaptadas de: **Méga Expériences**. Paris: Nathan, 1995. p. 35-36.

Sudeste

Vamos conversar?

- Você conhece alguma destas manifestações?
- Estes festejos acontecem no lugar onde você vive?

O que vou estudar?

- Região Sudeste

Ilustra Cartoon/Arquivo da editora

Características gerais

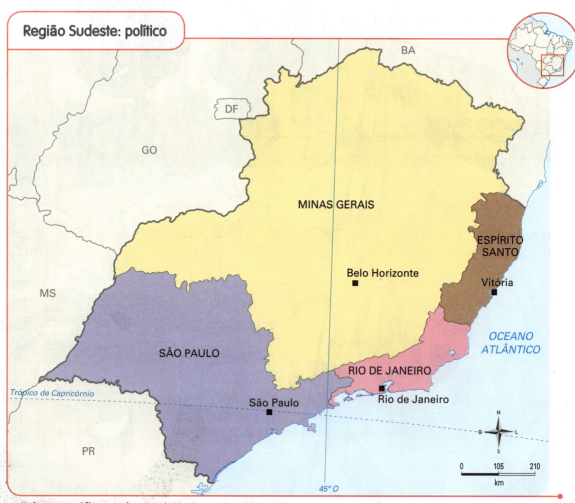

Região Sudeste: político

Atlas geográfico escolar. 5. ed. Rio de Janeiro: IBGE, 2009. p. 90.

Veja a tabela com os estados que formam essa região.

Estado	Capital	Área (km²)	População estimada (2014)
Espírito Santo	Vitória	46 095	3 885 049
Minas Gerais	Belo Horizonte	589 522	20 734 097
Rio de Janeiro	Rio de Janeiro	43 780	16 461 173
São Paulo	São Paulo	248 223	44 035 304

Organizado com base em: IBGE. **Estados@**. Disponível em: <www.ibge.gov.br/estadosat>. Acesso em: 22 out. 2014.

Preparativos para a posse de Prudente de Morais, primeiro presidente civil do país, no Rio de Janeiro (RJ), em 15 de novembro de 1894.

Vista aérea de São Paulo (SP), 2013.

Trem de passageiros que liga Belo Horizonte a Vitória, em Barão de Cocais (MG), 2006.

Vista da cidade de Volta Redonda (RJ), 2013.

Atividades

1 Observe o mapa da região Sudeste. Depois faça o que se pede.

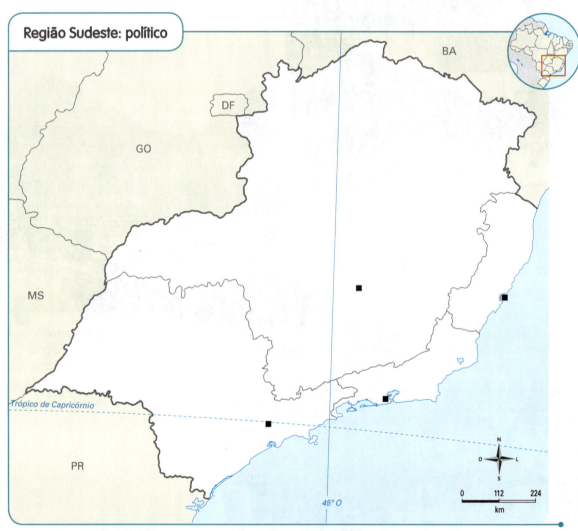

Região Sudeste: político

Adaptado de: **Atlas geográfico escolar**. 5. ed. Rio de Janeiro: IBGE, 2009. p. 90.

a) Escreva, no mapa acima, o nome dos estados da região Sudeste e das respectivas capitais.

b) Escreva o nome do oceano que banha a região Sudeste.

c) Pinte de laranja o único estado da região que não é banhado pelo mar.

d) Pinte de verde o estado que tem a menor área.

e) Pinte de amarelo o estado mais populoso.

f) Pinte de rosa o estado menos populoso.

2 Leia os textos de cada item abaixo e descubra quais são as cidades da região Sudeste a que se referem. Depois, complete-os.

a) Embora o estado de que sou capital seja o de menor área, ele é o terceiro mais populoso da região. Se quiser, pode me chamar de Cidade Maravilhosa.

Sou ....

b) Sou capital do estado menos populoso da região. Eu também sou banhada pelo mar.

Sou ....

c) Sou capital do estado de maior área da região. No meu estado, há muitas cidades históricas, do tempo do Brasil colonial.

Sou ....

Saiba mais

Os estados da região Sudeste já fizeram parte de outras regiões

Em 1940, São Paulo e Rio de Janeiro faziam parte da região Sul, de acordo com a divisão regional oficial. Em 1945, o Rio de Janeiro passou a integrar, com o Espírito Santo e Minas Gerais, a região Leste Meridional e, mais tarde, formaram, com Bahia e Sergipe, a região Leste. Foi apenas em 1970 que foi formada a região Sudeste!

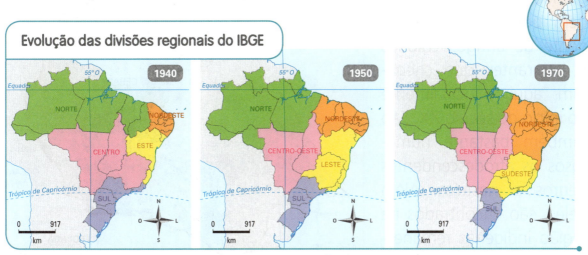

Evolução das divisões regionais do IBGE

Adaptado de: **Atlas geográfico escolar**. 1. ed. Rio de Janeiro: IBGE, 2002. p. 100-101.

Aspectos humanos da região Sudeste

● População

A região Sudeste é populosa e urbanizada. Mais de 90% da população reside nas cidades. É o índice mais elevado entre as regiões do Brasil.

Região	População urbana (em %)	População rural (em %)
Norte	78	22
Nordeste	73	27
Sudeste	92	8
Sul	83	17
Centro-Oeste	88	12

Organizado com base em: **Síntese de Indicadores Sociais 2010**. Rio de Janeiro: IBGE, 2010. p. 36-37. Disponível em: <www.ibge.gov.br/home/estatistica/populacao/condicaodevida/indicadoresminimos/sinteseindicsociais2010/SIS_2010.pdf>. Acesso em: 22 out. 2014.

Apesar de ser bastante populosa, a região Sudeste não tem sua população bem distribuída. Há uma grande concentração nas capitais dos estados.

Nos quatro estados que compõem a região há uma grande população de origem portuguesa, descendente de antigos colonos e imigrantes que chegaram aqui principalmente no início do século XX. São também bastante numerosos os afrodescendentes negros e mestiços. Além deles, são encontrados na região indígenas remanescentes de povos que habitavam o litoral.

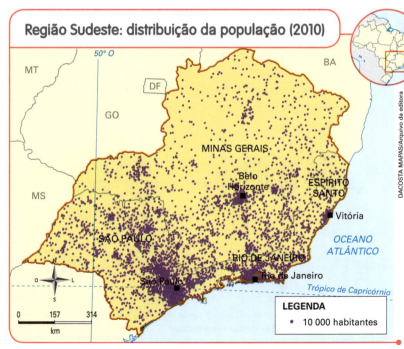

Atlas geográfico escolar. 6. ed. Rio de Janeiro: IBGE, 2012. p. 113.

São Paulo e Rio de Janeiro: duas metrópoles

Você já ouviu o termo "metrópole"? Algumas pessoas pensam que é sinônimo de "cidade grande". A metrópole é uma cidade cujas atividades influenciam a vida de pessoas que não vivem nela.

Um bom exemplo do papel das metrópoles é o setor de saúde: em alguns hospitais de São Paulo são tratadas pessoas de diversos lugares do Brasil, alguns muito distantes. Assim, quando um hospital de São Paulo realiza uma nova descoberta na área médica, por exemplo, isso tem efeito na vida dos moradores da metrópole e de muitas outras cidades.

No mapa da página anterior, vemos uma grande concentração de população em São Paulo. No mapa ao lado podemos observar em detalhe essa grande área urbana.

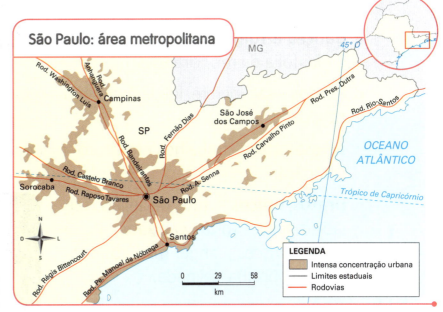

Adaptado de: **Atlas geográfico Saraiva**, de Vera Caldini e Leda Ísola. 4. ed. São Paulo: Saraiva, 2013. p. 64.

Do mundo inteiro, rumo ao Brasil

Você conhece alguém que tenha sobrenomes como Martinelli, Sánchez ou Fujimoto? Já se enrolou para falar ou escrever um sobrenome cheio de consoantes, tipo Epstein? Algum dos seus amigos chama a avó de *nonna*? Ou o avô de *opa*?

Se disse "sim" ao menos para uma dessas perguntas, então, conhece alguém que deve ser descendente de imigrantes. Ou seja, filho, neto, bisneto, tataraneto de pessoas que deixaram o país em que nasceram para viver em outro: o Brasil, no caso. Afinal, Martinelli é um sobrenome de origem italiana; Sánchez, espanhol; Fujimoto, japonês; Epstein, alemão; *nonna* significa 'avó' em italiano; e *opa*, 'avô' em alemão!

Do mundo inteiro, rumo ao Brasil, de Anita Correia Lima de Almeida. **Ciência Hoje das Crianças**. Rio de Janeiro: SBPC, ano 23, n. 139, set. 2003.

● Folclore

Entre as principais manifestações folclóricas da região Sudeste, destacam-se:

- **cultos e festas populares** – festa do Divino, romarias aos municípios de Aparecida e Pirapora do Bom Jesus (em São Paulo), festa de Iemanjá, São Cosme e Damião, festas juninas e Carnaval;

- **danças e folguedos** – samba, congada, folia de reis, cirandas;

- **lendas** – saci-pererê, lobisomem, mula sem cabeça;

- **artesanatos** – trabalhos em couro, madeira, pedra-sabão, prata, cobre, cerâmica;

- **pratos típicos** – tutu de feijão, feijão-tropeiro, torta capixaba (feita com mariscos), angu mineiro, moqueca capixaba, feijoada.

João Prudente/Pulsar Imagens

*

Festa de folia de reis em Bom Jesus da Penha (MG), 2012.

Marcos André/Opção Brasil Imagens

*

Feijão-tropeiro, prato muito popular em Minas Gerais.

Movimento de fiéis no Santuário de Nossa Senhora Aparecida, em Aparecida (SP), 2010.

*

Cesar Diniz/Pulsar Imagens

Atividades

1 Os direitos sociais da população estão definidos no artigo 6º da Constituição brasileira.

> Art. 6º São direitos sociais a educação, a saúde, o trabalho, o lazer, a segurança, a previdência social, a proteção à maternidade e à infância, a assistência aos desamparados, na forma desta Constituição.
>
> **Constituição da República Federativa do Brasil**: promulgada em 5 de outubro de 1988. Disponível em: <www.planalto.gov.br/ccivil_03/constituicao/ConstituicaoCompilado.htm>. Acesso em: 13 nov. 2014.

○ Recorte de um jornal do seu estado notícias sobre alguns dos seguintes temas: educação, saúde, trabalho e segurança. Cole-as em um cartaz com o título: "Os direitos sociais estabelecidos pela Constituição estão sendo respeitados?". Debata com os colegas se, de acordo com as notícias encontradas, os direitos sociais estão sendo respeitados em seu estado.

2 Veja a distribuição da população brasileira no mapa abaixo.

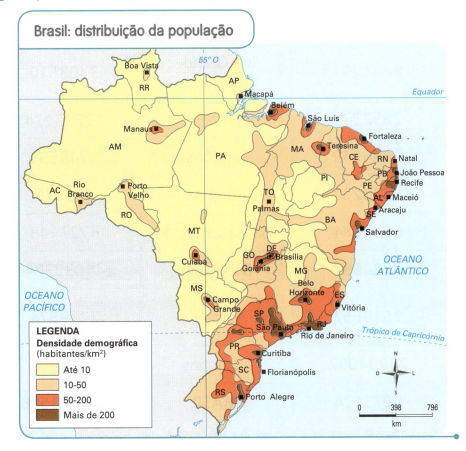

Adaptado de: **Geoatlas**, de Maria Elena Simielli. São Paulo: Ática, 2010. p. 120.

○ Agora, complete de acordo com o mapa da página anterior.

a) A maioria da população concentra-se nas áreas:

○ afastadas das capitais.　　　○ próximas às capitais.

b) Os estados mais povoados são:

○ os da área litorânea.　　　○ os do interior do país.

3 Observe a tabela abaixo, que informa a população de todos os estados brasileiros e do Distrito Federal:

Unidade federativa	População estimada (2014)	Unidade federativa	População estimada (2014)
Acre	790 101	Paraíba	3 943 885
Alagoas	3 321 730	Paraná	11 081 692
Amapá	750 912	Pernambuco	9 277 727
Amazonas	3 873 743	Piauí	3 194 718
Bahia	15 126 317	Rio de Janeiro	16 461 173
Ceará	8 842 791	Rio Grande do Norte	3 408 510
Distrito Federal	2 852 372	Rio Grande do Sul	11 207 274
Espírito Santo	3 885 049	Rondônia	1 748 531
Goiás	6 523 222	Roraima	496 936
Maranhão	6 850 884	Santa Catarina	6 727 148
Mato Grosso	3 224 357	São Paulo	44 035 304
Mato Grosso do Sul	2 619 657	Sergipe	2 219 574
Minas Gerais	20 734 097	Tocantins	1 496 800
Pará	8 073 924	**BRASIL**	**202 768 508**

Organizado com base em: IBGE. **Estados@**. Disponível em: <www.ibge.gov.br/estadosat/>. Acesso em: 22 out. 2014.

o Agora, responda:

a) De acordo com a tabela da página anterior, qual é a população de seu estado?

....

b) Pesquise com os colegas e o professor: como é a distribuição da população em seu estado? Onde ela está mais concentrada: no espaço rural ou no espaço urbano?

....

....

4 Agora, com base na tabela da atividade 3 e no mapa da atividade 2, responda às questões abaixo.

a) Qual é o estado mais populoso do Brasil?

....

b) Qual é o menos populoso?

....

5 Com um colega, faça as contas e descubra qual é a população:

a) da região Norte: ....

b) da região Nordeste: ....

c) da região Centro-Oeste: ....

d) da região Sudeste: ....

e) da região Sul: ....

o Faça uma lista das regiões brasileiras ordenando-as da mais populosa para a menos populosa.

....

....

....

6 Observe o mapa abaixo.

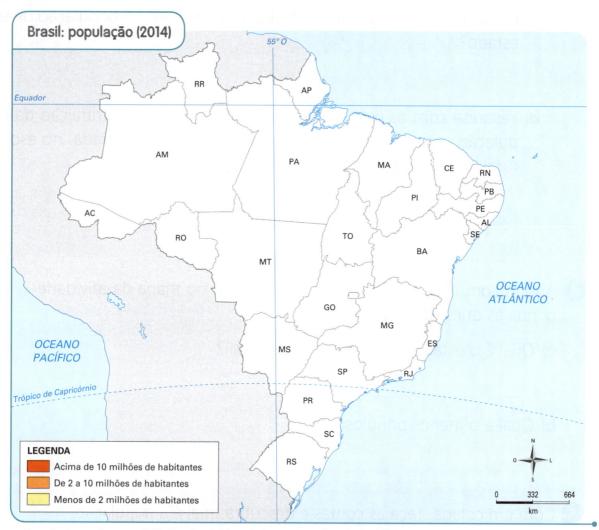

Organizado com base em: IBGE. **Estados@**. Disponível em: <www.ibge.gov.br/estadosat/>. Acesso em: 22 out. 2014.

○ Depois de consultar a tabela da página 222, faça o que é solicitado.

a) Pinte no mapa acima cada estado, seguindo a legenda.

b) Indique no mapa, com um ⊡, o Distrito Federal e nomeie-o.

7 De acordo com os resultados das atividades realizadas, responda: a população brasileira está bem distribuída em nosso território? Explique sua conclusão.

....

....

....

....

8 Observe os mapas a seguir.

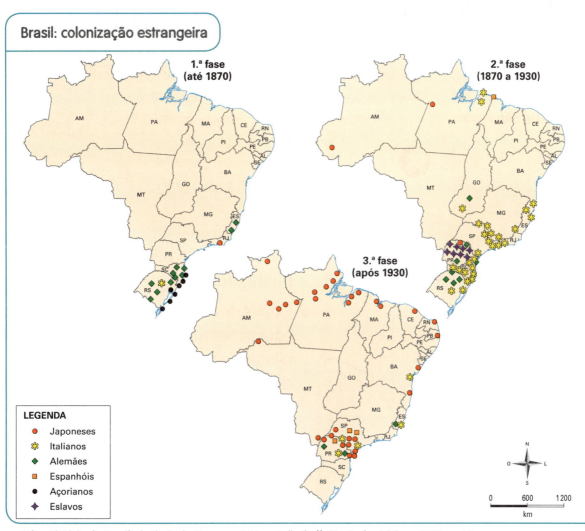

Brasil: colonização estrangeira

1.ª fase (até 1870)

2.ª fase (1870 a 1930)

3.ª fase (após 1930)

LEGENDA
- 🔴 Japoneses
- ✳️ Italianos
- 🔶 Alemães
- 🟧 Espanhóis
- ⚫ Açorianos
- ✦ Eslavos

Atlas História do Brasil, de Flavio de Campos e Miriam Dolhnikoff. São Paulo: Scipione, 2002. p. 45.

○ Agora responda às questões.

a) O que informam os mapas?

....

....

....

b) O que são imigrantes?

....

....

....

....

O tema é...

Culturas de periferia

Município de São Paulo

Elaborado com dados do Centro de Estudos da Metrópole. Disponível em: <www.fflch.usp.br/centrodametropole>. Acesso em: 7 fev. 2015.

- O que significa periferia? Nessas áreas há muita oferta de atividades culturais?

- Qual é a importância de termos acesso a equipamentos culturais, como cinema, biblioteca e teatro? O que você acha da ideia de se organizar um sarau em um lugar onde não há livros, como em um bar?

- No município onde você vive, quais são as atividades culturais mais populares? Elas são acessíveis a todos os moradores?

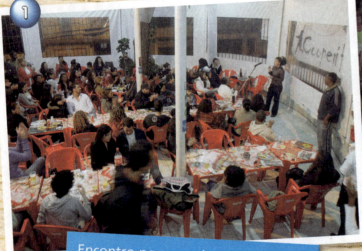

Encontro no sarau da Cooperifa, em Piraporinha, São Paulo (SP), 2009.

Encontro do projeto Samba no Asfalto, em Ermelino Matarazzo, São Paulo (SP), 2014.

Aparelhagem utilizada em festa de tecnobrega, um ritmo popular em Belém (PA), 2007.

Página do Cineclube Buraco do Getúlio, que funciona em Nova Iguaçu (RJ).

Em nosso país, os movimentos culturais que acontecem no Sudeste são mais conhecidos do que aqueles que ocorrem em outras regiões. Uma das explicações para isso é o fato de os meios de comunicação se concentrarem em São Paulo e no Rio de Janeiro. Mas municípios próximos a essas metrópoles também sofrem com a falta de visibilidade.

- As atividades culturais da região onde você vive são conhecidas em todo o país?

- Há alguma manifestação cultural do município onde você vive que gostaria de apresentar a pessoas de outros lugares? Qual(is)?

Aspectos naturais da região Sudeste
OED

Por causa da diferença de altitudes, o Sudeste apresenta dois tipos de clima: o tropical de altitude, nas áreas mais altas, como as de serras, e o clima tropical atlântico, no litoral.

A vegetação predominante da região, mesmo já bastante destruída, é a mata Atlântica, que recobre o litoral e parte das serras do Mar e da Mantiqueira. No estado de Minas Gerais predomina o cerrado. Na cidade do Rio de Janeiro encontra-se a maior floresta urbana do mundo: a floresta da Tijuca.

● A vida que brota dos rios

A região Sudeste apresenta vários rios importantes, como o Tietê, o Paraíba do Sul, o Paraná e o Muriaé. Em Minas Gerais, encontra-se a nascente do rio São Francisco.

Os rios do Sudeste são utilizados principalmente para a produção de energia elétrica e abastecimento dos centros urbanos.

Rio São Francisco em Vargem Bonita (MG), 2011. ✳

✳ Vista de trecho do rio Paraíba do Sul, em Barra Mansa (RJ), 2013.

● Os deslizamentos de terra

Nas áreas serranas da região Sudeste concentram-se as ocorrências de deslizamentos de terra. O verão nessa região é muito chuvoso e concentrado: em alguns meses, chove muito mais do que no restante do ano. Além disso, as serras têm um relevo íngreme, o que acaba favorecendo os deslizamentos de terra.

Ismar Ingber/Pulsar Imagens

Deslizamento de terra em ✳ Teresópolis (RJ), 2011.

Saiba mais

O que provoca deslizamentos de terra?

Quando chuvas pesadas saturam as camadas de solo e de sedimentos em uma encosta íngreme de montanha, a água atua como lubrificante, fazendo os grãos de terra deslizarem uns sobre os outros. Esses deslizamentos variam bastante em magnitude: desde os bem pequenos, até os que bloqueiam uma estrada, ou os catastróficos fluxos de lama capazes de engolir uma cidade.

Geografia. Rio de Janeiro: Abril Livros, 1996. p. 102. (Ciência e natureza).

Luiz Iria/Arquivo da editora

Para entender a Terra, de Frank Press e outros. 4. ed. Porto Alegre: Bookman, 2006. p. 299.

✳ O solo pode se movimentar de diversas formas e por diversas razões. Na região Sudeste, a água é um dos principais fatores de movimento de solo e o deslizamento é a principal forma encontrada.

Unidade 3

● Mata Atlântica

A **Mata Atlântica** tem árvores de menor porte em relação às da Floresta Amazônica; no entanto, abriga uma grande diversidade de espécies, que só crescem nesse tipo de floresta.

Originalmente, ela se estendia por todo o litoral brasileiro, do Rio Grande do Norte ao Rio Grande do Sul. Mas grande parte dela foi destruída por causa de plantações, extração de lenha e carvão e, principalmente, urbanização e turismo.

Atualmente, a Mata Atlântica ocorre em trechos das serras do Mar e da Mantiqueira, na região Sudeste, em lugares em que a ocupação humana ainda é muito difícil.

As áreas preservadas de Mata Atlântica estão sob forte ameaça. Algumas dessas áreas, com vegetação nativa conservada, localizam-se em parques e áreas de preservação.

As matas tropicais têm como características principais um interior úmido (que se forma por causa das chuvas frequentes e da proteção das copas das árvores à penetração de luz) e a presença de espécies vegetais de diversos portes. Trecho de Mata Atlântica em Cunha (SP), 2014.

Fábio Colombini/Acervo do fotógrafo

A destruição da Mata Atlântica

A Mata Atlântica é um dos tipos de vegetação que mais sofreu alterações desde a colonização do Brasil. Essa devastação foi acontecendo aos poucos. A vegetação original foi derrubada inicialmente pela exploração do pau-brasil no litoral e, depois, para dar lugar a pastagens, lavouras e à construção de cidades e indústrias.

Um bom exemplo de preservação no Brasil ocorreu ainda na época do Império. Devastada pelas grandes plantações de café, a floresta da Tijuca, no Rio de Janeiro, foi totalmente revitalizada com o reflorestamento ordenado por dom Pedro. Uma das maiores reservas urbanas reflorestadas do mundo, ela passa hoje por problemas, como a falta de investimentos públicos.

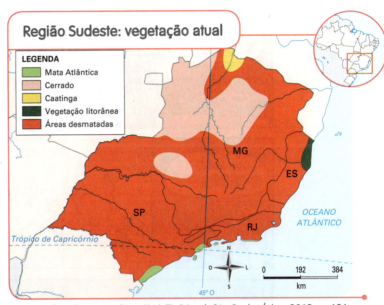

Geoatlas, de Maria Elena Simielli. 34. ed. São Paulo: Ática, 2013. p. 121.

Saiba mais

Só restaram 7% da Mata Atlântica

Originalmente, a Mata Atlântica atingia 1,3 milhão de km² e cobria 15% do território brasileiro. Ela passava por 17 estados brasileiros e chegava ao Paraguai e à Argentina.

E não é à toa que a Mata Atlântica é considerada o bioma mais rico em biodiversidade do mundo. Segundo dados da ONG SOS Mata Atlântica, são 20 mil espécies vegetais, 1 020 de aves, 350 de peixes, 340 de anfíbios, 261 de mamíferos e 197 de répteis. Ufa!

Mas não acaba aí, não: 7 das 9 maiores bacias hidrográficas do país estão na Mata Atlântica, com rios como o São Francisco, o Paraná e o Tietê.

Infelizmente, há outros números não tão animadores. Um estudo recente feito pela SOS Mata Atlântica e pelo INPE (Instituto Nacional de Pesquisas Espaciais) afirma que hoje restam apenas 7,26% de sua área original.

Só restaram 7% da Mata Atlântica, de Clarice Cardoso. **Folha de S.Paulo**. São Paulo, 18 out. 2008. Folhinha, p. 5. Disponível em: <http://acervo.folha.com.br/fsp/2008/10/18/32>. Acesso em: 22 out. 2014.

Atividades

1 Observe a história em quadrinhos e responda às questões.

a) Que atividade econômica é apontada nos quadrinhos como fator de destruição da vegetação nativa?

....

b) De acordo com os quadrinhos, qual vegetação está sendo ameaçada de destruição?

....

c) Observe novamente o mapa da página anterior: por que é preocupante a destruição do cerrado em Minas Gerais?

....

....

....

2 Você sabe a diferença entre rios de planície e rios de planalto? Leia o texto e descubra.

> **Rios de planície** são aqueles que correm por terras planas e, por não apresentarem quedas-d'água, permitem a navegação.
>
> **Rios de planalto** são aqueles que correm em terras elevadas e que permitem aproveitamento para gerar energia elétrica.
>
> Um mesmo rio pode ser navegável em um trecho e permitir a geração de energia em outro trecho. É o caso do rio Tietê, por exemplo, que apresenta trechos de planalto e também de planície.

a) Observe os tipos de rio representados abaixo e identifique cada um deles.

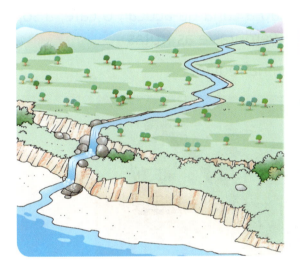 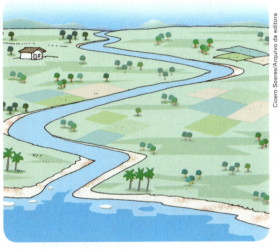

Cícero Soares/Arquivo da editora

....

b) Os dois tipos de rio são usados para a mesma finalidade? Justifique.

....

....

....

c) De que tipo é o rio Tietê?

....

....

....

Capítulo 9

Aspectos econômicos da região Sudeste

A região Sudeste é a mais industrializada do Brasil. Atualmente, o setor de serviços dessa região é o mais desenvolvido: nela estão alguns dos maiores centros econômicos da América do Sul. As atividades agropecuárias também são muito desenvolvidas.

Agricultura

A agricultura é praticada em todos os estados do Sudeste.

Os principais produtos agrícolas são a cana-de-açúcar, o café, a soja, o arroz, o milho, o feijão, a mandioca, as verduras e as frutas.

A agricultura comercial predomina na região.

Paulo Fridman/Pulsar Imagens

Plantação de cana-de-açúcar em Valparaíso (SP), 2014.

Delfim Martins/Pulsar Imagens

Plantação de laranja em Barretos (SP), 2013.

Saiba mais

A trajetória do café no Brasil

O produto entrou no país em 1737 por terras paraenses. As primeiras mudas da espécie arábica foram trazidas clandestinamente da Guiana Francesa pelo sargento-mor Francisco de Melo Palheta, que as teria recebido da mulher do governador de Caiena, capital da colônia vizinha. O produto se espalhou em seguida por outras capitanias do nordeste e chegou ao Rio de Janeiro em 1776. Ainda no século XVIII, o café penetrou na Baixada Fluminense [Rio de Janeiro], avançou pelo Vale do Paraíba [Rio de Janeiro e leste de São Paulo] e atingiu Minas Gerais.

Em meados do século XIX, depois de dominar o trecho paulista do Vale do Paraíba, o café passou a ser produzido nas terras do Oeste paulista.

A história da produção de café no Brasil, de Ricardo Barros. **Nova Escola**. Disponível em: <www.gentequeeduca. org.br/planos-de-aula/historia-da-producao-de-cafe-no-brasil>. Acesso em: 23 out. 2014. (Texto adaptado).

Pecuária

A pecuária também é uma atividade bastante desenvolvida no Sudeste.

Destacam-se os rebanhos bovino e suíno. O estado de Minas Gerais é o terceiro criador de gado bovino do Brasil e também o responsável pela criação de mais da metade do gado suíno da região.

A avicultura desenvolvida na região é a mais moderna do Brasil. É praticada principalmente no estado de São Paulo, maior criador de codornas do país.

Rebanho bovino em Alto Jequitibá (MG), 2014.

● Extrativismo

No Sudeste, é praticado principalmente o extrativismo mineral, pois o subsolo da região é bastante rico.

Os principais minerais explorados são ferro, manganês, ouro e pedras preciosas (em Minas Gerais), além de minérios radioativos, como o tório e o urânio (no litoral do Espírito Santo).

O petróleo é explorado em todo o litoral da região Sudeste, principalmente no Rio de Janeiro, o maior produtor do Brasil. Na região, também se extrai o sal marinho.

O extrativismo animal é representado pela pesca. São Paulo e Rio de Janeiro são os grandes produtores de pescado da região.

Plataforma de petróleo em Niterói (RJ), 2012.

● Comércio

Assim como a agricultura e a indústria, o comércio da região Sudeste, tanto interno como externo, é bastante desenvolvido. O maior movimento ocorre nos portos e na capital de cada estado.

O Sudeste exporta café, açúcar e sal e importa combustíveis e produtos químicos, entre outros.

Rua de comércio varejista em São Paulo (SP), 2013.

● Indústria

A região Sudeste concentra mais da metade de toda a atividade industrial do Brasil.

A indústria de transformação é a mais desenvolvida do Sudeste, sendo o estado de São Paulo o maior parque industrial da América do Sul.

As principais indústrias do Sudeste são a:

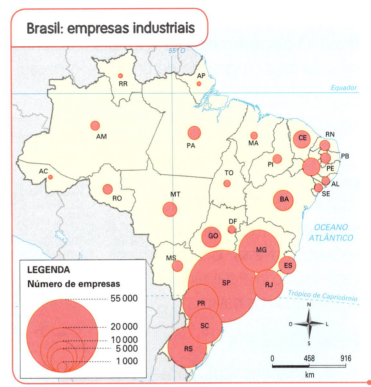

Brasil: empresas industriais

Moderno atlas geográfico, de Graça Maria Lemos Ferreira. 5. ed. São Paulo: Moderna, 2011. p. 31.

- o siderúrgica – em Minas Gerais, Rio de Janeiro e São Paulo;

- o automobilística – em São Paulo, Minas Gerais e Rio de Janeiro;

- o petroquímica – em São Paulo, Rio de Janeiro e Minas Gerais;

- o naval – no Rio de Janeiro;

- o aeronáutica – em São Paulo;

- o de materiais elétricos e eletrônicos – em São Paulo.

Há ainda indústrias de produtos alimentícios, têxteis, de fumo e outras.

Área industrial em ✳ Aracruz (ES), 2012.

Alipio Z. da Silva/kino.com.br

O papel do café na industrialização de São Paulo

Ainda hoje, São Paulo tem a maior concentração de empresas industriais no Brasil. O pioneirismo do estado está relacionado à cultura cafeeira: a riqueza acumulada pela exportação do produto forneceu impulso à industrialização. Mas há, ainda, outras razões.

Posição privilegiada

As vias ferroviárias ligavam as fazendas de café a São Paulo, de onde saía a principal linha de trem rumo a Santos. Nessa cidade o café era comercializado e embarcado nos navios.

Rede ferroviária

A rede ferroviária construída para atender ao comércio da cultura do café contribuiu, posteriormen-

Atlas História do Brasil, de Flavio de Campos e Miriam Dolhnikoff. São Paulo: Scipione, 2000. p. 41.

te, para a distribuição dos produtos industriais. Instalar uma fábrica em São Paulo possibilitava ao industrial usufruir desse sistema de transporte.

Além disso, como as linhas de trem tinham como principal destino São Paulo, foi nessa cidade que se concentraram serviços essenciais, como os bancos. Essa infraestrutura também influenciou a concentração de fábricas na cidade.

A estação da Luz era o principal nó de ✳ articulação do sistema ferroviário paulista. São Paulo (SP), 2014.

A mão de obra imigrante

Uma parte dos imigrantes que chegaram ao Brasil no fim do século XIX e início do século XX tinha experiência na fabricação de certos produtos. Alguns já tinham trabalhado em fábricas.

Essas pessoas tiveram um papel importante na industrialização de São Paulo, pois utilizaram sua experiência profissional no setor industrial paulista. Nas primeiras décadas do século XX, a maior parte dos operários das fábricas era de origem estrangeira, principalmente italiana.

Reprodução/Museu da Imigração do Estado de São Paulo

Fábrica de carros e carroças, empresa fundada por imigrantes portugueses, em São Paulo (SP), 1912.

Arquivo do jornal *O Estado de S. Paulo*/Agência Estado

A riqueza do café

As guerras na Europa, na primeira metade do século XX, afetaram muito fortemente as exportações de café. Além disso, nesses períodos, as indústrias da Europa diminuíram sua produção, causando escassez de produtos no Brasil.

Diversos fazendeiros de café começaram a investir em fábricas para produzir esses artigos que eram comprados do estrangeiro, utilizando, assim, parte da riqueza acumulada com a produção de café.

Bolsa do Café, em Santos (SP), 1929.

● Transporte

O Sudeste possui a maior e a melhor rede de transportes do Brasil. As principais rodovias e ferrovias do país estão nessa região. O transporte aéreo também é bastante utilizado.

Os principais aeroportos estão no Rio de Janeiro, na Grande São Paulo (Guarulhos) e em Belo Horizonte.

A navegação marítima é intensa nos portos de Santos (em São Paulo), Rio de Janeiro (no Rio de Janeiro), Vitória e Tubarão (no Espírito Santo).

A navegação fluvial é feita principalmente em alguns trechos dos rios Paraná e São Francisco.

Nas hidrovias, as eclusas ajudam a navegação em trechos acidentados do rio. Eclusa de Bariri, no rio Tietê, Bariri (SP), 2010.

Maurício Simonetti/Pulsar Imagens

Saiba mais

A navegação fluvial

No rio Amazonas cresce a oferta de transporte pelo rios, principalmente as rotas que ligam Manaus ao oceano Atlântico. Já os rios da região Sudeste, como o São Francisco, o Tietê e o Paraíba do Sul, não são muito utilizados para a navegação.

O rio São Francisco já teve rotas regulares de transporte de carga e passageiros, mas atualmente a circulação de navios é restrita. Já o Tietê recebeu alguns investimentos para transformar-se em uma hidrovia, mas ainda não tem uma movimentação como a de rios amazônicos.

O transporte pelos rios é muito mais barato do que o realizado por caminhões. Ainda assim, nosso país investe pouco na navegação fluvial.

Turismo

Observe algumas das atrações turísticas da região Sudeste:

Desfile do Congado de Santa Efigênia, em Ouro Preto (MG), 2015.

Marcos Amend/Pulsar Imagens

Wagner Tavares/Pulsar Imagens

Praia de Peracanga, em Guarapari (ES), 2012.

Edson Grandisoli/Pulsar Imagens

Turistas descendo corredeira em Brotas (SP), 2014.

A cidade do Rio de Janeiro é um dos principais destinos turísticos do país, principalmente o turismo de lazer. Algumas atrações da cidade, como o Corcovado e as praias, são conhecidas em todo o mundo.

Vinicius Tupinamba/Shutterstock/Glow Images

Vista aérea da cidade do Rio de Janeiro (RJ), 2014.

Atividades

1 Leia o texto abaixo e depois responda às questões.

> Atualmente, o setor de serviços da região Sudeste é o mais desenvolvido e, assim, a região tem grandes centros de comércio, saúde, educação e lazer.
>
> Os solos férteis da região e a existência de condições favoráveis para as indústrias, como as modernas vias de transporte, matérias-primas, energia e mão de obra, foram condições fundamentais para o rápido desenvolvimento dos setores primário e secundário do Sudeste. Por isso, as cidades dessa região assumiram grande importância na economia do Brasil.

a) Por que a região Sudeste é importante na economia do país?

....

....

....

b) Qual é a região mais industrializada do Brasil?

....

c) Quais cidades do Sudeste têm uma grande importância econômica para o país?

....

....

2 Escolha um dos pontos turísticos citados no texto e pesquise sobre ele num guia de viagem.

o Anote o que achar que vale a pena conhecer e conte aos colegas.

....

....

3 Recentemente, foram descobertas grandes reservas de petróleo no Sudeste brasileiro. Esse petróleo fica depositado abaixo de uma grande camada de sal no subsolo marítimo, chamada de **pré-sal**. Por ser abundante e de alta qualidade, acredita-se que o pré-sal trará muitas mudanças para a economia brasileira no futuro.

De acordo com a Petrobras, que já está preparando a exploração do pré-sal, o Brasil possui tecnologias e capital suficientes para dar conta desse recurso recém-descoberto.

○ Faça uma pesquisa a respeito do assunto e dê sua opinião:

a) A descoberta de reservas de petróleo é boa para a economia brasileira? Por quê?

....

b) A descoberta de reservas de petróleo é boa para a população brasileira? Por quê?

....

c) A descoberta de reservas de petróleo é boa para o ambiente? Por quê?

....

....

Saiba mais

Bacia de Campos

As reservas de petróleo do Brasil estão entre as vinte maiores do mundo. Se as compararmos às reservas de países como a Arábia Saudita e o Iraque, elas parecerão muito pequenas. Mesmo assim, elas conseguem suprir a demanda de todo o país. Essas reservas estão concentradas na região Sudeste, especialmente na Bacia de Campos, dentro da qual estão algumas das maiores reservas de petróleo do Brasil.

A movimentação econômica e financeira em torno dessa região é alta, em razão do grande valor de mercado do petróleo. A Bacia de Campos também atrai muitos profissionais das mais diversas áreas, por causa da elevada especialização necessária para o trabalho de extração.

4 Qual é a principal matéria-prima destes produtos?

....

....

....

- Agora escreva também que tipo de extrativismo foi realizado para obter essas matérias-primas (animal, vegetal ou mineral).

5 Vamos fazer uma pesquisa para saber mais sobre o estado onde você mora?

a) Reúna-se com alguns colegas para fazer parte de um destes três grupos e pesquisar o tema proposto para o grupo:

Grupo 1: Os principais produtos da agricultura de seu estado – como e onde esses produtos são cultivados.

Grupo 2: Os principais tipos de animais criados comercialmente em seu estado – como e onde esses animais são criados.

Grupo 3: Os principais produtos do extrativismo nas regiões de seu estado – como e onde esses produtos são extraídos.

b) Façam a pesquisa conforme as orientações do professor.

c) Ao final, elaborem um texto com as informações que vocês obtiveram. Para ilustrar o trabalho, usem fotos ou desenhos.

d) Apresentem o trabalho para a classe.

6 Observe o mapa e responda às perguntas:

Adaptado de: **Atlas geográfico escolar**. 5. ed. Rio de Janeiro: IBGE, 2009. p. 243.

a) Que tipo de informação traz esse mapa?

....

b) Você conhece todos os tipos de indústria indicados no mapa?

....

....

c) Segundo o mapa, qual é o estado e qual a região brasileira com maior diversificação industrial, ou seja, com diferentes tipos de indústria?

....

d) Que tipos de indústria predominam no estado e na região onde você mora?

....

....

Os "boias-frias"

Nas últimas décadas, o esvaziamento populacional no campo se acelerou consideravelmente. Expulsos pelas máquinas e pela concentração fundiária, trabalhadores rumam para as cidades, ampliando o processo de êxodo rural e de urbanização descontrolada, simultaneamente. Muitos permanecem em sua periferia, afavelados. Na época do plantio e da colheita são "arrebanhados" pelos gatos (agentes do proprietário) para trabalhar na lavoura, como diaristas, temporários e sem quaisquer vínculos empregatícios. Recebem pela produtividade e não têm carteira de trabalho registrada e anotada.

Os "boias-frias", assim chamados na região Centro-Sul, mas conhecidos também como peões (Norte) e corumbás (Nordeste e Centro-Oeste), são explorados pelas agroindústrias da cana-de-açúcar, algodão, café e laranja, culturas ainda não mecanizadas. Apesar de ilegal, essa relação de trabalho é largamente utilizada, gerando enormes lucros para os empresários rurais.

Cortador de cana-de-açúcar em Araraquara (SP), 2013.

Mais recentemente tem havido avanços em benefício dos boias-frias, com a fundação de sindicatos, apesar de toda a oposição e campanha difamatória dos latifundiários, que usam até da violência física intimidatória. Os grupos mais organizados têm assistência médica e recebem refeições quentes fornecidas no próprio local de trabalho pelos empresários, dispensando-se assim a necessidade de levar sua própria marmita, cuja comida já estaria fria na hora do consumo (origem da expressão "boia-fria").

Minimanual compacto de Geografia do Brasil: teoria e prática, de Carlos Alberto Scheeberger e Luiz Antônio Farago. São Paulo: Rideel, 2003.

Agora, responda às questões abaixo.

a) O que provocou o esvaziamento populacional no campo?

....

....

....

b) O que você acha da atitude dos proprietários das terras com relação aos trabalhadores rurais?

....

....

....

c) O que são os boias-frias? Que tipo de trabalho realizam?

....

....

....

....

d) O que são latifundiários? Pesquise em um dicionário.

....

....

Ideias em ação

A evolução dos meios de comunicação está relacionada à industrialização. Por isso nas regiões com maior desenvolvimento industrial encontramos uma moderna infraestrutura de comunicações, como internet banda larga e rede de telefonia fixa e celular.

Há pouco mais de 150 anos foi inventado o telefone. Durante longo tempo, a ideia de transmitir a voz para lugares distantes foi considerada absurda!

Na experiência a seguir você vai transmitir sua voz e conversar com alguém bem distante de você.

Material necessário

- 2 latas vazias
- uma longa linha de pipa
- elásticos

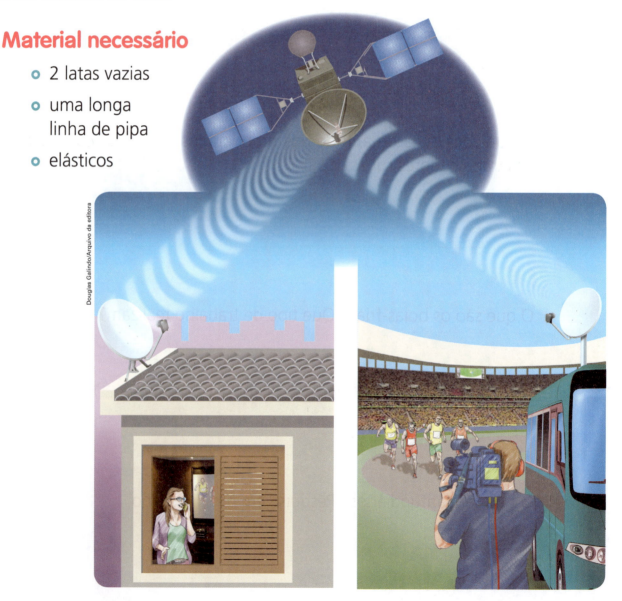

Douglas Galindo/Arquivo da editora

Como fazer

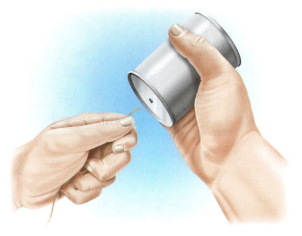

1. Peça a um adulto para furar o fundo das duas latas. Não tente realizar essa tarefa sozinho, pois você pode se machucar!

2. Passe o fio de pipa pelo buraco e faça vários nós na ponta para que o fio fique preso.

3. Estique o fio. Para fazer curvas e desviar das paredes, utilize os elásticos para prender o fio em maçanetas de portas. Não deixe que o fio encoste em paredes – ele deve ficar sempre esticado.

4. Com a boca próxima à abertura da lata, fale calmamente. Sua voz será escutada na outra lata, que está na outra ponta do fio.

Que tal poder conversar com alguém distante?

Atividade adaptada de **Méga Expériences**. Paris: Nathan, 1995. p. 66-67.

4

Sul e Centro-Oeste

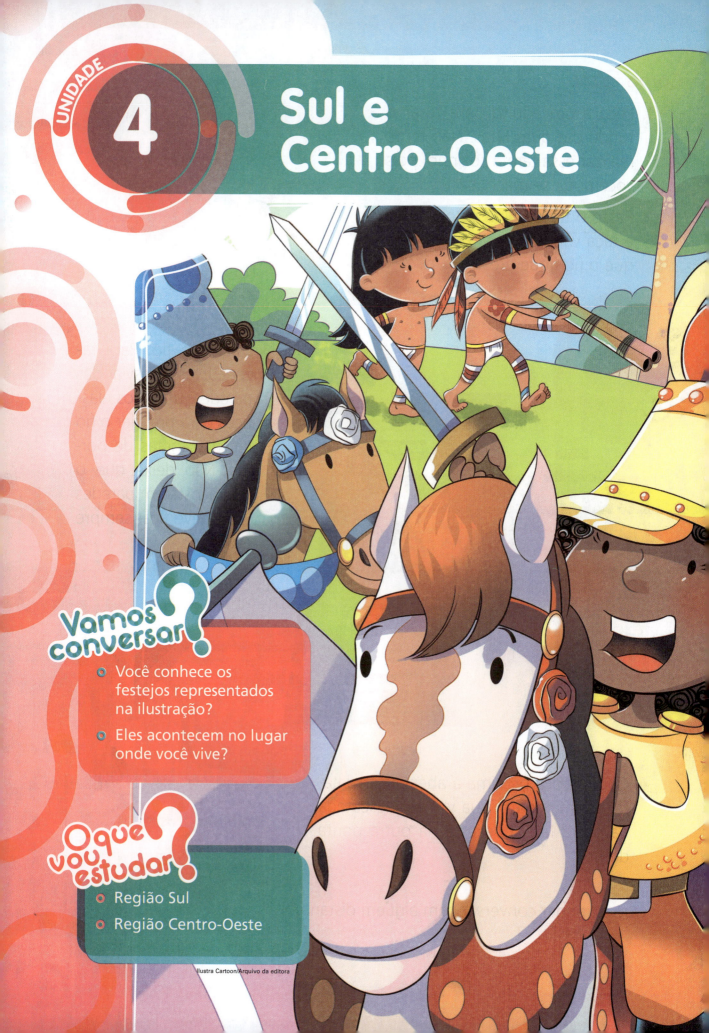

Vamos conversar?

- Você conhece os festejos representados na ilustração?
- Eles acontecem no lugar onde você vive?

O que vou estudar?

- Região Sul
- Região Centro-Oeste

Ilustra Cartoon/Arquivo da editora

Capítulo 10 — Região Sul

Região Sul: político

Atlas geográfico escolar. 5. ed. Rio de Janeiro: IBGE, 2009. p. 90.

Veja, na tabela, os estados que formam essa região:

Estado	Capital	Área (km²)	População estimada (2014)
Paraná	Curitiba	199 307	11 081 692
Rio Grande do Sul	Porto Alegre	281 730	11 207 274
Santa Catarina	Florianópolis	95 736	6 727 148

Dados disponíveis em: <www.ibge.gov.br/estadosat>. Acesso em: 25 out. 2014.

Imigrantes na colônia alemã Witmarsum, em Palmeira (PR), 1929.

Reprodução/Laeti Images

Gerson Gerloff/Pulsar Imagens

Serra da Graciosa (PR), 2014.

Centro de Tradições Gaúchas, em Rosário do Sul (RS), 2012.

Gerson Sobreira/Terrastock

João Prudente/Pulsar Imagens

Vista da cidade de Jaraguá do Sul (SC), 2012.

○ Observe o mapa da região Sul. Depois faça o que se pede.

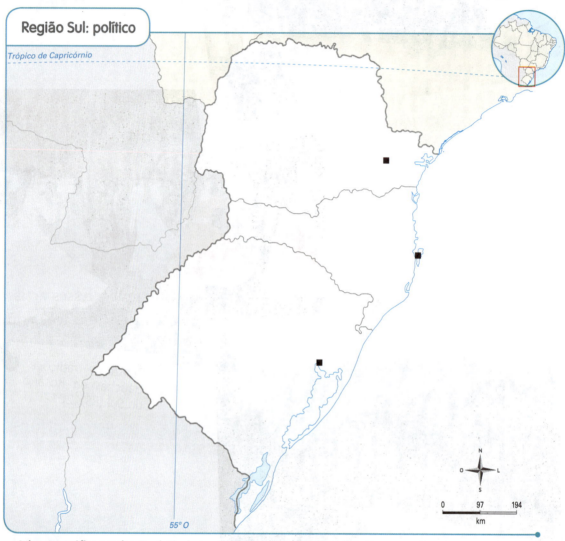

Região Sul: político

Trópico de Capricórnio

55° O

0 97 194
km

Atlas geográfico escolar. 5. ed. Rio de Janeiro: IBGE, 2009. p. 90.

a) Localize no mapa os estados da região Sul e escreva o nome deles e de suas respectivas capitais.

b) Localize os estados brasileiros e os países da América do Sul que são vizinhos da região Sul e escreva o nome deles.

c) Pinte de azul o oceano que banha a região Sul e escreva o nome dele.

d) Pinte de laranja o estado mais populoso da região, que fica no extremo sul do Brasil.

e) Pinte de amarelo o estado de menor área, cuja capital fica numa ilha.

Os negros no sul

Os negros do sul estiveram diretamente ligados na criação do Dia da Consciência Negra (20 de novembro). O coordenador-geral de educação para relações étnico-raciais do Ministério da Educação, Antonio Mário Ferreira, lembra que a data foi escolhida em contraponto ao 13 de maio. A discussão partiu do coordenador do grupo Palmares de Porto Alegre, o poeta Oliveira Silveira, com o escritor e historiador Décio Freitas. "Havia um material com documentos que indicava que a data provável da morte de Zumbi teria sido em 20 de novembro de 1695. Os bandeirantes levaram o corpo de Zumbi esquartejado para a atual Recife. Foi então que o Movimento Negro Unificado (MNU) do Rio Grande do Sul apresentou ao MNU Nacional a proposta, que foi aceita."

Outra contribuição relevante é a literatura, com o próprio escritor Oliveira Silveira, que mostrou o negro gaúcho do interior, trabalhador nas charqueadas que cuidava de gado. "É a descrição do negro transformador, que luta e trabalha gerando crescimento na economia do estado. Não é a demonstração derrotista de um negro que sofre e chora", analisa Ferreira.

Na música, a arte de Bedel e Luiz Wagner são destaques. Esses artistas contribuíram na criação do samba *rock*, estilo que influenciou músicos como Jorge Ben Jor. Ferreira cita, ainda, Lupicínio Rodrigues, um dos maiores compositores da música popular brasileira, interpretado por vários artistas, entre eles Jamelão.

Negros no sul? Tem, sim senhor, de Eli Antonelli. Revista **Raça Brasil**. Disponível em: <http://racabrasil.uol.com.br/cultura-gente/158/artigo228092-2.asp>. Acesso em: 25 out. 2014.

Sessão da Câmara de Vereadores de Porto Alegre que discutiu a instituição de feriado no dia 20 de novembro, em que se comemora a consciência negra (RS), 2013.

Diorgenes Pandini/Agência RBS/Folhapress

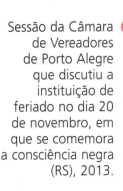

● Aspectos humanos da região Sul

Grande parte da população da região Sul é constituída por descendentes de açorianos, italianos, alemães, poloneses, ucranianos e japoneses.

As influências da colonização, realizada pelos europeus, principalmente italianos e alemães, são percebidas nas características físicas da população, em seus hábitos, nas tradições culturais e na arquitetura de suas construções.

Assim como ocorre nas demais regiões, há na região Sul uma concentração da população nas capitais estaduais. No entanto, diversas outras cidades se destacam como aglomerações, como podemos observar no mapa a seguir.

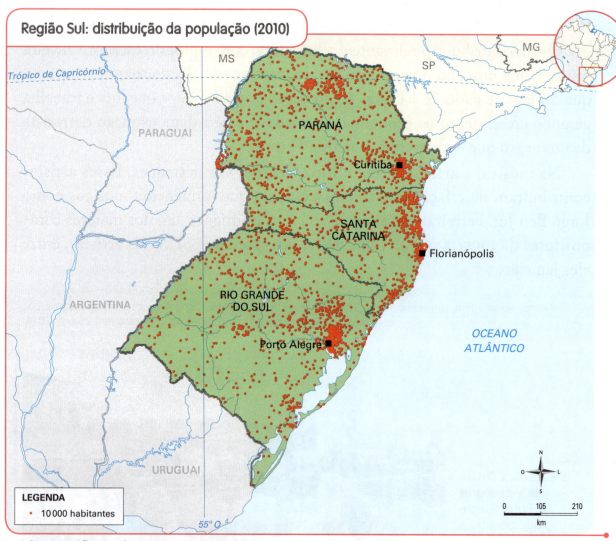

Região Sul: distribuição da população (2010)

Atlas geográfico escolar. 6. ed. Rio de Janeiro: IBGE, 2012. p. 113.

Em Santa Catarina, o litoral se destaca como área de maior densidade populacional, em especial a região nordeste do estado. No Paraná, a distribuição da população é mais regular, mas há concentrações na capital, Curitiba, e no interior, destacando-se as cidades de Londrina e Maringá.

Tipos humanos

Destacam-se na região Sul:

o o gaúcho, que trabalha nas fazendas de criação de gado;

*
Gaúcho em Santana do Livramento (RS), 2011.

o o colono, que trabalha nas plantações;

o o madeireiro, que trabalha na extração de madeiras;

o o pescador, que habita o litoral e se dedica à pesca.

Colono de origem italiana em *
Silveira Martins (RS), 2011.

Folclore

O Sul recebeu influência do negro, do indígena e dos imigrantes europeus nos costumes e nas tradições. Algumas de suas principais manifestações folclóricas são:

- **cultos e festas populares** – Festa da Uva e Festa de Nossa Senhora dos Navegantes (no Rio Grande do Sul), a festa da cerveja Oktoberfest (em Santa Catarina), rodeios e festas juninas;

Festa de Nossa Senhora dos Navegantes na comunidade Pântano do Sul, em Florianópolis (SC), 2010.

- **danças e folguedos** – congada, chula, folia de reis, baião;

- **lendas** – Negrinho do Pastoreio, Boitatá, Curupira;

- **artesanato** – cerâmica, rendas, trançado de vime;

- **pratos típicos** – churrasco, arroz de carreteiro, chimarrão, barreado.

Barreado, prato típico do estado do Paraná.

Festa do peão

O rodeio é uma festa típica da região Sul. Acontece no Rio Grande do Sul e teve origem no trabalho de criação de gado.

Em diversas regiões do Brasil os rodeios estão relacionados a grandes apresentações musicais, principalmente de ritmos sertanejos. No Sul, são mais frequentes as competições de tiro de laço, que acontecem em festas tradicionais.

O nome **rodeio** vem de "roda". Os piás (meninos) ficam em torno do gado reunido numa coxilha (colina), enquanto os peões treinados vão buscar os animais que estão longe.

A doma é a parte mais importante do rodeio: uma ou duas pessoas seguram o animal selvagem. O peão que o domina cavalga sem arreios. O cavalo luta, dando pinotes e coices, tentando derrubar o peão, ou para, em sinal de que o cavaleiro venceu; muitas vezes, o peão é jogado ao chão.

Daniela Xu/RBS/Folhapress

Competição de tiro de laço na Festa da Uva, parte das comemorações da Semana Farroupilha, em Caxias do Sul (RS), 2011.

Centros de tradições gaúchas

A cultura gaúcha é formada de muitas contribuições, de povos europeus, nativos e africanos. Nos centros de tradições gaúchas, conhecidos pela sigla CTG, podemos conhecer algumas tradições formadas naquela região, que abrange, ainda, um trecho dos territórios de Argentina e Uruguai, países vizinhos.

As atividades culturais e esportivas dos centros de tradições gaúchas, que existem em todo o país, reúnem pessoas interessadas nessa cultura – os bailes são especialmente conhecidos, pois neles diversos grupos de dança tradicional gaúcha apresentam ritmos da região.

Peão gaúcho

chapéu
lenço
camisa
guaiaca
bombacha
pala
bota
espora

Beatrix Boscardin/Opção Brasil Imagens

Atividade

○ Leia a lenda do Negrinho do Pastoreio. Em seguida, responda às questões.

Escravo, órfão, o menino pertencia a um fazendeiro rico, cruel e arrogante. Maltratado por todos, principalmente pelos filhos do senhor, sofreu inúmeros castigos e barbaridades. Ao perder a tropilha de cavalos de seu amo, foi surrado sem piedade. Seu corpo moribundo foi, então, jogado à boca de um enorme formigueiro, para que as formigas o devorassem. No dia seguinte, o fazendeiro, atormentado, correu ao local e não mais encontrou o supliciado. Em vez disso, viu Nossa Senhora e o Negrinho, seu afilhado, são e feliz, montado em um cavalo baio, pastoreando uma tropilha de cavalos invisíveis.

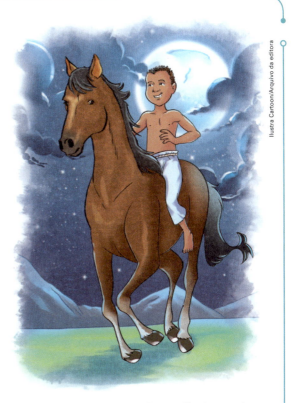

Ilustra Cartoon/Arquivo da editora

Galeria de mitos brasileiros. **Jangada Brasil**. Disponível em: <www.jangadabrasil.com.br/revista/galeria/ca83010f.asp>. Acesso em: 25 out. 2014.

a) Qual é a origem do personagem dessa lenda?

....

b) A que acontecimento da História do Brasil refere-se essa história?

....

c) Na região onde você mora há lendas parecidas com essa? Compartilhe com seus colegas.

d) Pesquise a respeito de outras lendas muito populares na região Sul, como Boitatá e Curupira. Escolha uma delas e escreva no caderno, com suas palavras, a história do personagem principal de uma dessas lendas. Em seguida, faça um desenho para representá-lo.

● Aspectos naturais da região Sul

A região Sul é a mais fria do Brasil, por causa de sua localização geográfica. A região tem sua maior parte localizada ao sul do trópico de Capricórnio. Seu clima é subtropical, com as temperaturas médias mais baixas do país, à exceção do norte do Paraná, onde predomina o clima tropical de altitude.

A vegetação é fortemente influenciada pelo clima: nos locais mais frios predominam as matas de Araucárias (Pinhais) e nos Pampas, os campos de gramíneas.

Campos

Também conhecidos como **Pampas**, os campos são formados por uma vegetação constituída, em geral, por plantas rasteiras, como o capim e a grama. Às vezes, aparecem algumas árvores isoladas, perto de rios ou riachos.

Os campos ocupam grande parte do estado do Rio Grande do Sul. Também ocorrem em outras regiões do Brasil.

Gerson Gerloff/Pulsar Imagens

Região de campos em Uruguaiana (RS), 2013. Grande parte dessa vegetação foi substituída por pastagem de animais.

Mata de Araucárias, em São José dos Ausentes (RS), 2011.

Mata de Araucárias

A **mata de Araucárias**, ou **mata dos Pinhais**, é a vegetação típica da região Sul do Brasil, onde há chuvas bem distribuídas durante o ano e as temperaturas são mais baixas.

É formada por árvores como os pinheiros e as araucárias, das quais é retirada a celulose, matéria-prima para a fabricação do papel.

As araucárias são árvores grandes que chegam a 50 metros de altura, com folhas estreitas e duras, que crescem em galhos bem abertos. Sua semente, o pinhão, é comestível.

Grande parte da mata de Araucárias também já foi destruída em consequência de sua exploração pelas indústrias de móveis, de papel e de celulose e pela construção civil.

Outra causa da destruição dessa floresta é o fato de ela crescer em solo muito fértil (a terra roxa). Isso fez com que ela fosse, em grande parte, destruída por causa da agricultura.

Destruição da vegetação

Observe o mapa a seguir.

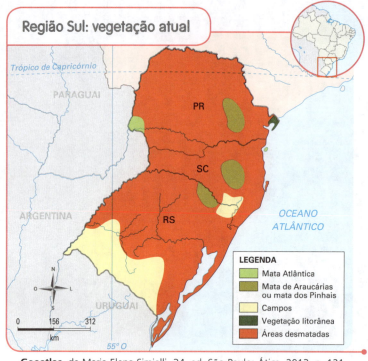

Região Sul: vegetação atual

LEGENDA
- Mata Atlântica
- Mata de Araucárias ou mata dos Pinhais
- Campos
- Vegetação litorânea
- Áreas desmatadas

Geoatlas, de Maria Elena Simielli. 34. ed. São Paulo: Ática, 2013. p. 121.

Como você pode observar no mapa, a mata de Araucárias e os campos sofreram bastante alteração.

A mata de Araucárias ocorre atualmente em pouquíssimas áreas, principalmente em parques criados para sua preservação.

Pinheiros em meio a uma área de cultivo de milho, em Rolândia (PR), 2013.

Clima subtropical

Como vimos, grande parte da região Sul está ao sul do trópico de Capricórnio; assim, essa não é uma área tropical: no inverno as temperaturas são baixas. Observe os mapas abaixo.

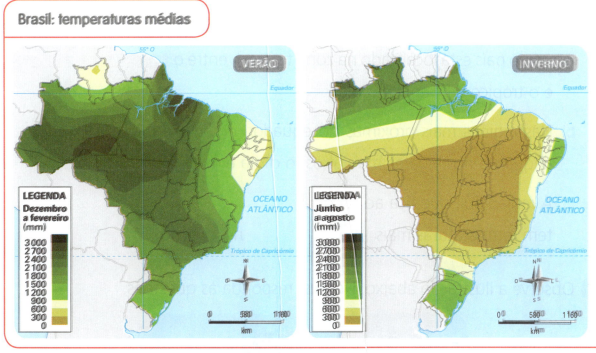

Brasil: temperaturas médias

Atlas geográfico escolar. 6. ed. Rio de Janeiro: IBGE, 2012. p. 60.

Nos mapas podemos observar uma das principais características do **clima subtropical**: faz muito calor no verão e muito frio no inverno, ocorrendo até geadas e neve. Além disso, as chuvas são bem distribuídas durante todo o ano.

Campo coberto de geada em Itaara (RS), 2013.

Atividades

1 Complete as frases.

a) Na maior parte do Brasil, predomina o clima ...., porque nosso país está localizado na zona tropical, entre o .... e o trópico de Capricórnio.

b) Nas regiões mais próximas do equador, o clima é mais ...., enquanto nos lugares mais altos, o clima é mais ....

c) A região Sul, que fica ao sul do ...., tem temperaturas mais .... no inverno.

2 Observe a ilustração abaixo. Depois, responda às questões.

LilKar/Shutterstock/Glow Images

a) O que mostra a ilustração?

....

....

b) Em que região do Brasil podemos encontrar essa situação? Por quê?

....

....

3 Observe com atenção o mapa abaixo.

Brasil: previsão do tempo nas capitais em 23 de junho de 2010

Boa Vista 25°/35°
Macapá 24°/33°
Belém 23°/32°
São Luís 26°/33°
Manaus 23°/35°
Fortaleza 24°/30°
Natal 24°/30°
Teresina 23°/36°
João Pessoa 24°/29°
Recife 22°/30°
Maceió 22°/30°
Porto Velho 22°/33°
Rio Branco 26°/35°
Palmas 23°/34°
Aracaju 24°/29°
Salvador 24°/30°
Cuiabá 24°/32°
Brasília 22°/29°
Goiânia 22°/30°
Belo Horizonte 21°/28°
Vitória 24°/32°
Campo Grande 21°/27°
Rio de Janeiro 20°/30°
São Paulo 17°/27°
Curitiba 15°/25°
Florianópolis 19°/26°
Porto Alegre 15°/25°

55° O
Equador
OCEANO ATLÂNTICO
OCEANO PACÍFICO
Trópico de Capricórnio

LEGENDA
Céu claro
Parcialmente nublado
Nublado
Pancadas de chuva

0   312   624
km

Adaptado de: **Folha de S.Paulo**, 23 jun. 2010. Cotidiano, p. 2.

● Agora complete as frases.

a) Esse é um mapa de ....

b) No dia indicado pelo mapa, as temperaturas mínimas mais baixas estavam previstas para .... , ... ,

.... e ....

c) Nos estados da região Sul estavam previstos os seguintes tempos:

.... , ...

e ....

A vida que brota dos rios

Na região Sul, predominam os rios de planalto. É uma região altamente favorecida pela presença de rios, riachos e lagos.

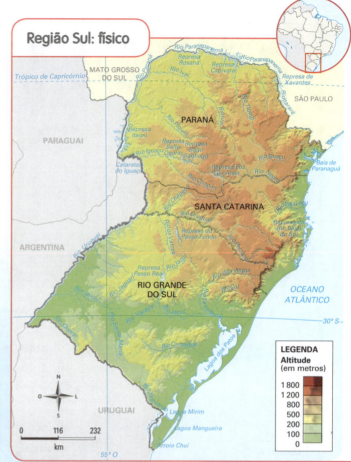

Região Sul: físico

Atlas geográfico escolar: ensino fundamental do 6º ao 9º ano. Rio de Janeiro: IBGE, 2010. p. 74.

Rio Uruguai, na divisa de Santa Catarina com o Rio Grande do Sul, 2012.

A região possui grande potencial hidrelétrico, destacando-se a usina de Itaipu, que fornece energia para os estados das regiões Sudeste e Sul, além do Paraguai.

As duas principais bacias da região Sul são as dos rios Paraná e Uruguai.

A **bacia do rio Paraná** é muito extensa e abrange muitas outras áreas do território brasileiro, além de países vizinhos. Na região Sul, ela compreende quase todo o território do Paraná e uma pequena porção de Santa Catarina.

O rio Paraná é formado pelos rios Grande e Paranaíba. É um rio de planalto, no qual se encontra a usina hidrelétrica de Itaipu, uma das maiores do mundo. Em território brasileiro, seus principais afluentes são os rios Tietê, Paranapanema e Iguaçu. Passa a se chamar rio da Prata quando recebe as águas do rio Uruguai, na divisa entre Argentina e Uruguai.

Vista aérea da ponte da Amizade, sobre o rio Paraná, na fronteira do Brasil com o Paraguai, em 2012. De um lado fica a Ciudad Del Este, no Paraguai, e, no lado brasileiro, Foz do Iguaçu, no Paraná.

A **bacia do rio Uruguai** também se estende para além do Brasil. Em território brasileiro, ela abrange grande parte dos estados de Santa Catarina e Rio Grande do Sul.

Trecho da fronteira entre Argentina e Brasil delimitada pelo rio Uruguai.

Usinas hidrelétricas

As usinas hidrelétricas produzem energia elétrica a partir da força do movimento das águas dos rios. Veja na figura abaixo como a energia elétrica é gerada.

Science Encyclopedia. London: Kingfisher, 1995. p. 336.

Em um grande rio, constrói-se uma barragem para reter o fluxo de água em altitude. Forma-se então um lago, que concentra essa água com grande pressão. Quando as comportas são abertas, a água passa pelos tubos e sua força faz girar a turbina que, por sua vez, movimenta o gerador, que produz a energia elétrica.

No Paraná, na divisa com o Paraguai, fica a usina responsável pela maior produção de energia elétrica no Brasil, a usina de Itaipu (rio Paraná). Na região Sul, há ainda outras importantes usinas, como Passo Real e Itaúba, localizadas no rio Jacuí.

Represa da usina de 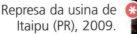 Itaipu (PR), 2009.

Arenização no Rio Grande do Sul

As chuvas no clima subtropical, como vimos, são bem distribuídas ao longo do ano, assim os rios na região Sul contam com água o ano inteiro. Ainda assim, há algumas áreas do Rio Grande do Sul onde estão se formando grandes areais. Em lugar da vegetação de campos, essas áreas estão sendo tomadas por dunas de areia.

A formação desses areais abrange diversos processos naturais e também resultantes da ação humana. O intenso uso agrícola contribui para acelerar a erosão do solo: a água transporta parte do solo para as partes mais baixas do relevo, como o leito dos rios.

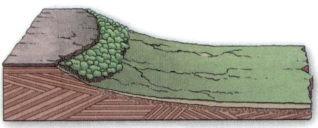

Ilustrações: Luiz Iria/Arquivo da editora

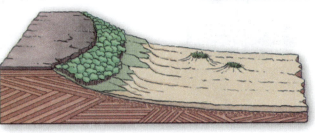

Essas porções do solo que são removidas pela ação da água e do vento deixam expostos alguns depósitos de areia, que estão naquela região, escondidos pelas camadas de solo, há milhares de anos.

Projeto arenização no Rio Grande do Sul, Brasil: gênese, dinâmica e espacialização, de Dirce M. Antunes Suetergaray e outros. **Biblio 3W**. Barcelona, n. 287. 26 mar. 2001. Disponível em: <www.ub.edu/geocrit/b3w-287.htm>. Acesso em: 26 out. 2014.

Nessas áreas, não é possível continuar fazendo cultivos, pois são impróprias para a agricultura. Além disso, a circulação das águas fica comprometida.

Gerson Gerloff/Pulsar Imagens

* Areal em Manoel Viana (RS), 2012.

Atividade

○ Leia o texto e observe as figuras.

A agricultura faz com que o solo fique cada vez mais pobre, pois as plantas retiram dele todos os nutrientes necessários para seu crescimento. Além disso, a agricultura deixa o solo exposto boa parte do tempo, provocando a erosão.

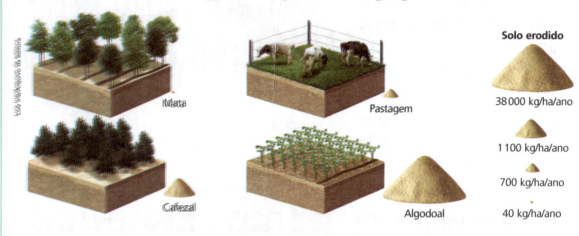

O solo sob nossos pés, de Déborah de Oliveira. São Paulo: Atual, 2010. p. 43. (Projeto Ciência). (Texto adaptado).

Nas ilustrações, estão indicadas as quantidades de solo perdido pela erosão em determinada área, de acordo com o tipo de uso de solo.

a) Qual uso provoca a maior quantidade de solo erodido? Que atividade está relacionada a esse uso?

....

b) Em grupo, converse com os colegas a respeito do papel da vegetação nativa na proteção do solo. Registrem as principais ideias discutidas e apresentem-nas para a classe.

....

....

....

....

● Aspectos econômicos da região Sul

Agricultura

É a atividade econômica mais importante da região Sul.

O clima, o solo, as técnicas e os equipamentos utilizados pelos agricultores permitem a obtenção de boas colheitas.

Os estados da região Sul cultivam soja, café, arroz, trigo, fumo, uva, milho e algodão.

Pecuária

É bastante desenvolvida no Sul. Os campos constituem excelente pastagem natural para a criação do gado bovino, principalmente na Campanha Gaúcha, no estado do Rio Grande do Sul, onde são criados também ovinos. Em Santa Catarina e no Paraná, tem grande destaque a criação de suínos.

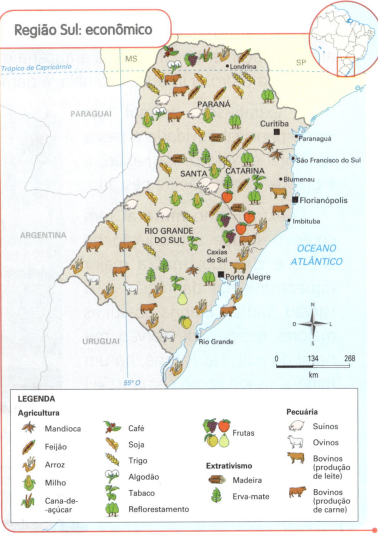

Região Sul: econômico

LEGENDA

Agricultura
- Mandioca
- Feijão
- Arroz
- Milho
- Cana-de-açúcar
- Café
- Soja
- Trigo
- Algodão
- Tabaco
- Reflorestamento
- Frutas

Extrativismo
- Madeira
- Erva-mate

Pecuária
- Suínos
- Ovinos
- Bovinos (produção de leite)
- Bovinos (produção de carne)

Atlas geográfico ilustrado, de Graça Maria Lemos Ferreira e Marcello Martinelli. 4. ed. São Paulo: Moderna, 2012. p. 48.

Criação de gado em São Gabriel (RS), 2014. ✳

Extrativismo

Os três tipos de extrativismo são bastante desenvolvidos no Sul.

O extrativismo **vegetal**, realizado de forma descontrolada durante 150 anos, praticamente extinguiu a araucária e outras espécies que crescem à sua sombra (o cedro, a imbuia, a canela, a gameleira).

O extrativismo **animal** tem como principal atividade a pesca no litoral e nos rios da região, e é grande a produção de pescado.

O extrativismo **mineral** tem como destaque a produção de cobre e chumbo, mas a maior riqueza mineral da região é o carvão. Santa Catarina possui as maiores reservas de carvão mineral do país. No Paraná, há um mineral usado como combustível e que no futuro poderá substituir o petróleo: o xisto betuminoso.

Barco de pesca em Florianópolis (SC), 2014.

Área de extração de carvão em Forquilhinha (SC), 2011.

Zig Koch/Pulsar Imagens

Área industrial de Curitiba (PR), 2013.

Indústria

O Sul é a segunda região industrial mais importante do Brasil.

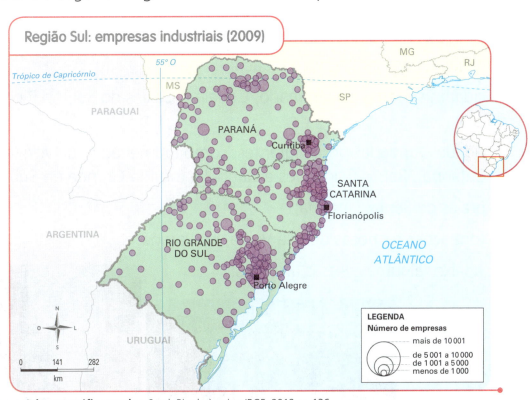

Região Sul: empresas industriais (2009)

Atlas geográfico escolar. 6. ed. Rio de Janeiro: IBGE, 2012. p. 136.

A indústria de transformação é bastante desenvolvida, destacando-se as indústrias de produtos alimentícios, de bebidas, de madeira, de vestuário, de calçados, têxteis, químicas e petroquímicas.

Na região há duas importantes refinarias de petróleo: Alberto Pasqualini, em Canoas, no Rio Grande do Sul, e Presidente Getúlio Vargas, em Araucária, no Paraná.

Comércio

A região Sul possui comércio bastante desenvolvido. A venda e a compra de produtos são realizadas com outros estados do Brasil e também com países estrangeiros.

O Sul exporta madeira, celulose, carvão, cereais, carne, lã, produtos têxteis e alimentícios e importa máquinas, acessórios industriais, produtos químicos e veículos.

Porto de Paranaguá (PR), 2012.

Turismo

As principais atrações turísticas da região Sul são:

- o complexo de Itaipu (ponte da Amizade, usina de Itaipu) e as cataratas do Iguaçu, nos rios Paraná e Iguaçu;

- as cidades serranas de Gramado, Canela e Caxias do Sul, no Rio Grande do Sul;

- as cidades fundadas por imigrantes, como Blumenau e Joinville (em Santa Catarina), Bento Gonçalves e Garibaldi (no Rio Grande do Sul);

- as praias de Santa Catarina;

- as formações rochosas de Vila Velha, no Paraná.

Veja, abaixo, algumas dessas atrações:

Cachoeira das Andorinhas, no cânion de Itaimbezinho, em Cambará do Sul (RS), 2014.

Blumenau (SC), 2012.

Saiba mais

O Parque Nacional do Iguaçu e suas cataratas

As cataratas do rio Iguaçu formam uma das maiores quedas-d'água do mundo, como seu próprio nome diz. O nome **Iguaçu**, presente dos guaranis, quer dizer 'água grande' na língua deles.

Parte dessas cataratas fica dentro do Parque Nacional do Iguaçu, criado em 1939 pelo então presidente da República, Getúlio Vargas. Outra parte está em território argentino, pois as cataratas ficam na divisa entre os dois países.

O Parque Nacional do Iguaçu abriga o que restou de uma mata que cobria quase metade do estado do Paraná e cerca de duzentas espécies de animais, várias em perigo de extinção, que dela dependem para sobreviver.

Na natureza, como sabemos, animais e plantas dependem uns dos outros para existir. E a existência de ambos depende profundamente da conservação dos parques nacionais e das áreas de preservação.

Cataratas do Iguaçu (PR), 2014.

Ismar Ingber/Pulsar Imagens

Transporte

Na região Sul, há uma moderna rede de transportes, sendo que o rodoviário é o mais desenvolvido.

As ferrovias são utilizadas para o transporte de produtos da região até os portos. A Estrada de Ferro Graciosa liga Curitiba ao porto de Paranaguá, atravessando a serra do Mar.

No transporte rodoviário, há duas rodovias ligando o Sul com quase todo o Brasil: a BR-101, que passa próximo ao litoral, e a BR-116, que atravessa todos os estados da região. Há também a Rodovia do Café, que liga o norte do Paraná ao porto de Paranaguá, no mesmo estado.

Rodovia BR-101 em Tijucas (SC), 2012.

Os principais portos marítimos do Sul são os de Paranaguá (no Paraná); Itajaí (em Santa Catarina); Porto Alegre, Pelotas e Rio Grande (no Rio Grande do Sul).

A navegação fluvial e a lacustre também são muito desenvolvidas. A fluvial é feita principalmente nos rios Paraná, Jacuí, Itajaí e Ibicuí, enquanto a lacustre é praticada nas lagoas do Rio Grande do Sul, principalmente na lagoa dos Patos.

Os aeroportos da região são bem aparelhados. Os principais são os das capitais dos estados, destacando-se o Salgado Filho (em Porto Alegre) e o Afonso Pena (em Curitiba).

Atividade

○ Complete as frases abaixo com as principais atividades produtivas da região Sul.

a) Agricultura: os principais produtos agrícolas são ....

....

....

....

b) Pecuária: o tipo de gado e os principais estados produtores são ....

....

....

c) Extrativismo: os principais produtos do extrativismo vegetal são ....

.... ,

do extrativismo animal é a ....

e do extrativismo mineral são ....

....

d) Indústria: os principais ramos da indústria de transformação **são de**

....

....

e) Comércio: os produtos que a região Sul compra são ....

.... ,

e os produtos que vende são sobretudo ....

....

O tema é...

Os impactos ambientais do turismo

Na praia do Cassino, localizada no Rio Grande do Sul, o trânsito de veículos automotores foi relacionado ao desaparecimento do crustáceo *Ocypode quadrata*. Situação semelhante pode ocorrer junto às margens das lagoas, afetando não somente a fauna de vertebrados, mas também de outros pequenos animais [...].

Impactos ambientais do turismo em lagoas costeiras do Rio Grande do Sul, de Rosane Lanzer e outros. **Caderno Virtual de Turismo**, Rio de Janeiro, v. 13, abr. 2013, p. 142.

- Como o aumento do turismo na praia do Cassino causou destruição de elementos naturais? O que se poderia fazer para evitar a degradação das praias?

- No município onde você vive há exemplos de áreas naturais muito modificadas em razão do aumento do número de turistas?

Na praia do Cassino foi realizado o primeiro Choque-Car no Brasil. Rio Grande (RS), 1976.

Praia do Cassino, em Rio Grande (RS), 2012.

Maurício Simonetti/Pulsar Imagens

As cataratas do Iguaçu ficam na fronteira entre Brasil e Argentina. Os dois países criaram unidades de conservação para preservar as quedas-d'água.

Quem disse que o turismo traz necessariamente devastação? O Parque Ecológico Baía Bonita [em Bonito (MS)] aposta no turismo sustentável, aliando pesquisa científica com conservação ambiental.

É até lugar-comum chamar a nascente do rio Baía Bonita, também conhecida como Aquário Natural de Bonito, de "pedaço do paraíso".

[...]

Todas as trilhas passaram a ter calçamento de madeira reciclada para evitar o alargamento e a compactação do solo. Os turistas agora usam roupa de neoprene e colete salva-vidas, que ajudam a flutuar e evitam que a areia e a vegetação do fundo sejam tocadas.

Parque Ecológico Baía Bonita e turismo com impacto ecológico mínimo, de Maria Fernanda Vomero. **Superinteressante**, jun. 2002. Disponível em: <http://super.abril.com.br/mundo-animal/parque-ecologico-baia-bonita-turismo-impacto-ecologico-minimo-461565.shtml>. Acesso em: 8 fev. 2015.

o Que exemplos de ações de preservação da natureza foram colocados em prática nas cataratas do Iguaçu e na nascente do rio Baía Bonita?

o No município onde você mora há áreas naturais que atraem visitantes? Elas são protegidas da ação predatória? Como?

Região Centro-Oeste

OED

Observe o mapa abaixo.

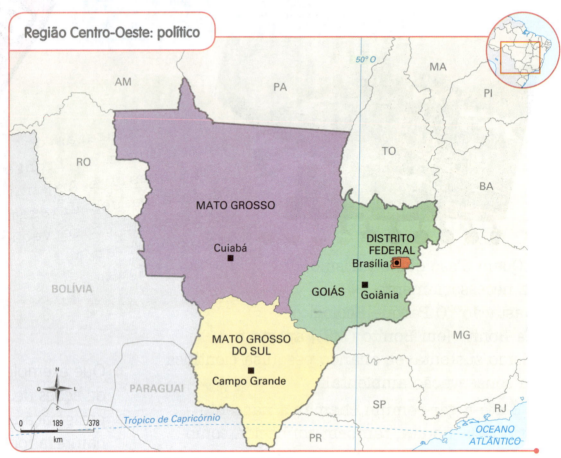

Região Centro-Oeste: político

Atlas geográfico escolar. 5. ed. Rio de Janeiro: IBGE, 2009. p. 90.

Veja, na tabela abaixo, as unidades federativas que formam essa região.

Estado	Capital	Área (km²)	População estimada (2014)
Goiás	Goiânia	340 112	6 523 222
Mato Grosso	Cuiabá	903 366	3 035 122
Mato Grosso do Sul	Campo Grande	357 145	2 619 657
Distrito Federal	Brasília	5 780	2 852 372

Dados disponíveis em: <www.ibge.gov.br/estadosat>. Acesso em: 26 out. 2014.

Antiga catedral metropolitana de Cuiabá (MT), cerca de 1960.

Reprodução/Acervo do NDHIR – Núcleo de Documentação Histórica Regional

Ed Viggiani/Pulsar Imagens

Trecho da cidade de Goiânia (GO), 2014.

Beatrix Boscardin/Opção Brasil Imagens

Congresso Nacional em Brasília (DF), 2013.

Beatrix Boscardin/Opção Brasil Imagens

Colheita mecanizada de soja em Chapadão do Sul (MS), 2014.

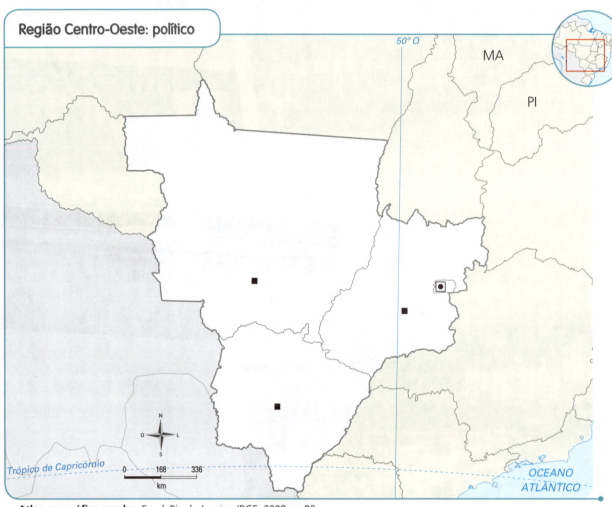

Atividade

○ Faça o que se pede no mapa da região Centro-Oeste.

Região Centro-Oeste: político

50° O

MA

PI

N
O — L
S

Trópico de Capricórnio

0   168   336
km

OCEANO
ATLÂNTICO

Atlas geográfico escolar. 5. ed. Rio de Janeiro: IBGE, 2009. p. 90.

a) Localize os estados, suas capitais e o Distrito Federal, na região Centro-Oeste, e escreva o nome deles.

b) Localize os estados que fazem fronteira com a região Centro-Oeste e escreva a sigla deles.

c) Localize também os países da América do Sul que fazem fronteira com essa região e escreva o nome deles.

d) Pinte de amarelo o estado de maior extensão.

e) Pinte de verde o Distrito Federal.

f) Pinte de rosa o estado que faz fronteira com o Paraguai.

As terras indígenas

Muitos povos indígenas foram dizimados desde a chegada dos portugueses, seja pela escravização ou pelas doenças adquiridas dos europeus. Entre os que restaram, vários sofrem com a destruição do ambiente onde vivem, causada pela urbanização e pelo desmatamento. Para tentar minimizar esse problema, foram criadas diversas reservas indígenas, nas quais não é permitido desmatar nem construir.

A primeira terra indígena reconhecida pelo governo federal localiza-se na região Centro-Oeste: é o Parque Indígena do Xingu, criado em 1961. Ele é resultado da ação política dos sertanistas Orlando, Cláudio e Leonardo Villas Bôas.

Nessa área, localizada no estado de Mato Grosso, estão reunidos diversos grupos indígenas, formando uma população de mais de 4 mil pessoas.

Renato Soares/Pulsar Imagens

Parque Indígena do Xingu (MT), 2011. Comunidade Mavutsinin, do povo Kamayurá, às margens da lagoa Ipavu.

● Aspectos humanos da região Centro-Oeste

População

A região Centro-Oeste é pouco povoada. O número de habitantes é muito pequeno em relação ao tamanho de seu território.

Além disso, os habitantes da região estão concentrados nas capitais de estado e no Distrito Federal.

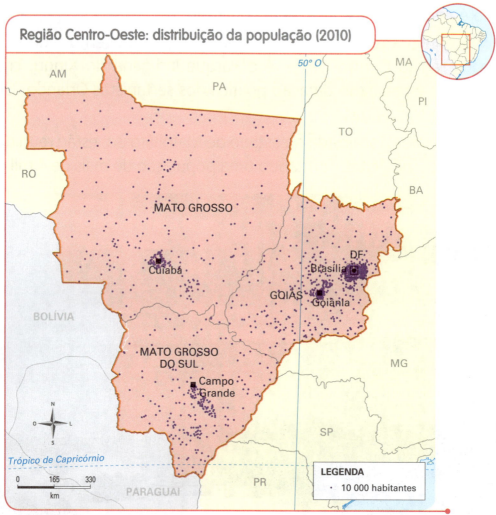

Região Centro-Oeste: distribuição da população (2010)

LEGENDA
• 10 000 habitantes

Atlas geográfico escolar. 6. ed. Rio de Janeiro: IBGE, 2012. p. 113.

Goiás e Distrito Federal são as unidades federativas mais populosas do Centro-Oeste. Apesar de a ocupação portuguesa da região ter se iniciado no período colonial, com as bandeiras, foi no século XX que o Centro-Oeste teve seu maior crescimento populacional, principalmente pela construção de Brasília.

A maior parte da população da região é constituída de brancos e caboclos.

Em alguns lugares, como ao norte do estado de Mato Grosso, a população é formada por indígenas.

Tipos humanos

Na região Centro-Oeste, destacam-se:

- o boiadeiro, que cuida do gado;

- o garimpeiro, que trabalha no extrativismo mineral;

- o ervateiro, que extrai a erva-mate;

- o seringueiro, que trabalha na extração de látex.

Garimpeiro em Coxim (MS), 2012.

Franco Hoff/Pulsar Imagens

Boiadeiro em Barão de Melgaço (MT), 2012.

Artur Keunecke/Pulsar Imagens

✳ Cavalhada em Poconé (MT), 2013.

Folclore

O folclore da região Centro-Oeste recebeu muita influência da cultura indígena.

Algumas manifestações do folclore da região são:

- **cultos e festas populares** – festas juninas e religiosas, cavalhada, tourada;

- **danças e folguedos** – congada, folia de reis, tambor, roda de São Gonçalo;

- **lendas** – Romãozinho, Lobisomem, Mula Sem Cabeça, Pé de Garrafa, Negrinho do Pastoreio.

Festa do Divino ✳ em Vila Bela (MT), 2014.

Atividade

○ Leia o texto abaixo sobre a Festa do Divino, em Pirenópolis (GO).

Festa do Divino é Patrimônio Cultural do Brasil

Thomaz Vita Neto/Pulsar Imagens

A Festa do Divino de Pirenópolis é realizada anualmente desde 1819, data do primeiro registro na lista local de imperadores. Desde então, ano após ano, essa listagem é atualizada e publicada na programação da festa. É considerada uma das mais expressivas celebrações do Espírito Santo no país, especialmente pelo grande número de seus rituais, personagens e componentes, como as cavalhadas de mouros e cristãos e os mascarados montados a cavalo.

Mascarado na festa do Divino, em Pirenópolis (GO), 2012.

Os rituais têm início no domingo de Páscoa e seguem até o domingo seguinte ao feriado de Corpus Christi. O clímax da festa é no Domingo de Pentecostes ou do Divino. Os elementos essenciais incluem as Folias da Roça e da Rua, a coroa, as cerimônias e rituais do Império, com alvoradas, cortejos do Imperador, novena, jantares, cafés, missas cantadas, levantamento do mastro, queima de fogos, distribuição de "verônicas", sorteio e coroação do novo Imperador.

Instituto do Patrimônio Histórico e Artístico Nacional. Disponível em: <http://portal.iphan.gov.br/portal/montarDetalheConteudo.do?id=15055&sigla=Noticia&retorno=detalheNoticia>. Acesso em: 28 out. 2014.

a) Em sua opinião, qual é a importância de se preservar festas e celebrações tradicionais?

....

....

b) Em sua região há eventos culturais tradicionais? Você participa de algum deles? Compartilhe sua experiência com os colegas.

● Aspectos naturais da região Centro-Oeste

O clima da região Centro-Oeste é tropical semiúmido, com frequentes chuvas de verão. A vegetação mais comum é o cerrado. O Pantanal Mato-Grossense, a maior planície inundável do mundo, estende-se pelo Paraguai e pela Bolívia, países que fazem fronteira com o Brasil.

Cerrado

Ocorre principalmente na região Centro-Oeste do Brasil. Apresenta poucas árvores, baixas, de tronco retorcido e casca grossa. Os arbustos são cercados de plantas rasteiras.

Nos períodos de seca, a vegetação costuma pegar fogo. Quando acontece naturalmente, essa queimada é importante para a renovação da natureza, pois algumas sementes de árvores só brotam depois dela.

Trecho de cerrado, em Alto ✳ Paraíso de Goiás (GO), 2014.

Andre Dib/Pulsar Imagens

Destruição do cerrado

Grandes áreas do cerrado estão ameaçadas de desaparecimento em razão da ocupação pela agricultura e pelas pastagens. Grande parte da vegetação nativa já foi eliminada, como podemos observar no mapa a seguir.

Na região Centro-Oeste o cerrado foi muito mais devastado que a floresta Amazônica. Durante muito tempo, a vegetação do cerrado era vista como pobre em diversidade e, portanto, sua substituição por cultivos e por pastagem não era vista como uma ação negativa.

Muitos estudiosos se dedicaram a pesquisar o cerrado, revelando as enormes riquezas da vegetação e da fauna. Atualmente, muitas pessoas lutam pela preservação dessa área.

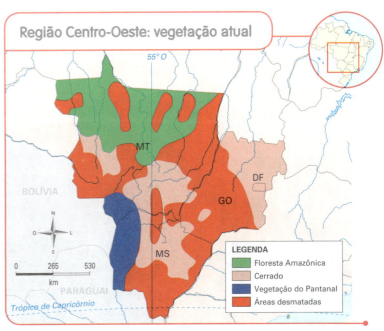

Geoatlas, de Maria Elena Simielli. 34. ed. São Paulo: Ática, 2013. p. 121.

Pequena área remanescente de cerrado em área de cultivo de milho, em Costa Rica (MS), 2010.

Vegetação pantaneira

Ocorre nos estados de Mato Grosso e Mato Grosso do Sul e é inundada pelas águas do rio Paraguai na época das cheias. É rica e variada, composta de espécies vegetais de florestas, cerrado e campos.

Sua principal característica está associada ao Pantanal, única região do Brasil onde aparece. Durante três meses do ano, na estação das chuvas, a maior parte das terras permanece coberta pela água.

É nessa vegetação que vivem as inúmeras espécies de aves e outros animais do Pantanal brasileiro.

Mario Friedlander/Pulsar Imagens

Paisagem do Pantanal em Barão de Melgaço (MT), 2010. Na parte inferior da imagem vemos um curral com grande quantidade de gado. Nessa região a pecuária extensiva é uma das principais atividades econômicas.

Saiba mais

O ciclo das águas no Pantanal

O Pantanal é uma área de 200 000 km², dos quais 100 000 km² ficam totalmente inundados de novembro a fevereiro, durante o período das cheias. É a maior planície alagada do planeta.

O **ciclo das águas** é o ciclo da vida no Pantanal. Em março, quando elas começam a baixar, o céu é cortado por aves de todas as cores. Quando os rios voltam para seu leito normal, surgem inúmeras lagoas repletas de peixes, jacarés e outros animais.

Em outubro, é a vez da **piracema**, o nome que os indígenas deram à viagem que os peixes fazem rio acima, para desovar. E assim a vida recomeça, num ciclo que será retomado pelas cheias que logo vão acontecer.

Palê Zuppani/Pulsar Imagens

Tuiuiús em área do Pantanal, em Miranda (MS), 2010.

● Atividades econômicas da região Centro-Oeste

Agricultura

Os estados de Goiás e Mato Grosso do Sul são responsáveis pela maior parte da produção agrícola do Centro-Oeste.

Os principais produtos cultivados são: arroz, milho, mandioca, feijão, cana-de-açúcar, soja e café.

O cultivo de soja no Centro-Oeste tem as seguintes características principais: é uma monocultura, acontece em grandes propriedades e é muito mecanizado.

Mario Friedlander/Pulsar Imagens

Plantação de milho em Sorriso (MT), 2014.

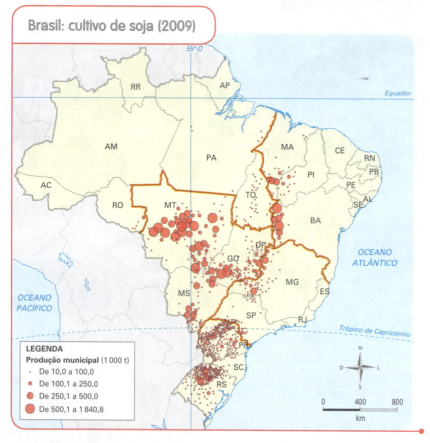

Brasil: cultivo de soja (2009)

LEGENDA
Produção municipal (1 000 t)
· De 10,0 a 100,0
• De 100,1 a 250,0
● De 250,1 a 500,0
⬤ De 500,1 a 1 840,8

Atlas geográfico escolar. 6. ed. Rio de Janeiro: IBGE, 2012. p. 127.

Grandes fazendas são transformadas em plantações exclusivas de soja, ou seja, não há nenhum outro grande cultivo na propriedade. O uso de máquinas para as tarefas também contribui para que a produção seja bastante elevada.

Pecuária

É a principal atividade econômica do Centro-Oeste. O maior rebanho é o de bovinos, cuja produção corresponde a quase metade do rebanho brasileiro.

As áreas de criação mais importantes estão em Goiás e no Pantanal (em Mato Grosso do Sul).

Comitiva desloca o rebanho para áreas mais elevadas do Pantanal que não foram atingidas pela cheia dos rios, em Corumbá (MS), 2014.

Há alguns anos, a caça descontrolada no Pantanal Mato-Grossense quase exterminou a população de jacarés e ariranhas.

Essa caça era praticada pelos "coureiros", pessoas que comercializavam a pele desses animais.

Atualmente, ela é proibida no Pantanal, e muitas fazendas criam o jacaré de acordo com a lei. Porém, ainda há animais, como o cervo-do-pantanal, as capivaras, as onças e outros, que estão ameaçados de extinção por causa da prática ilegal da caça.

A pesca também é uma atividade importante no Pantanal, mas, como vem sendo realizada em grande escala, está pondo em risco a rica variedade de peixes da região.

A criação de gado bovino

Existem no Brasil diferentes espécies de gado. O maior rebanho é o de bovinos (bois), que vem apresentando crescimento nos últimos anos e fornece principalmente carne, leite e couro.

A criação de gado pode ser feita de forma extensiva ou intensiva.

Na criação extensiva, o gado é criado em grandes pastagens e não costuma receber muitos cuidados.

Na criação intensiva, o gado é criado em estábulos e costuma receber mais cuidados. Os animais são vacinados e recebem alimentação especial; além disso, existe uma preocupação maior com a higiene dos animais e do local onde vivem.

Criação extensiva em Monte Verde (MT), 2014.

Criação intensiva em Campo Grande (MS), 2012.

Extrativismo

O extrativismo é uma atividade que ainda tem grande importância no Centro-Oeste, apesar de estar em decadência.

No extrativismo vegetal, destacam-se a erva-mate, principalmente em Mato Grosso do Sul; o látex, na floresta Amazônica, no norte de Mato Grosso; as madeiras e o tanino, usado na indústria do couro.

Na extração mineral, destacam-se o diamante, o cristal de rocha, o manganês e o ferro.

Exploração de ferro e manganês em Corumbá (MS), 2014.

Indústria

A atividade industrial na região Centro-Oeste é pouco desenvolvida.

Há poucas indústrias, sendo que as de maior destaque são as de produtos alimentícios, de minerais não metálicos e de exploração madeireira.

Os centros industriais mais importantes são Goiânia, Anápolis, Brasília, Campo Grande e Corumbá.

Comércio

O comércio é mais intenso nas capitais dos estados e nas suas principais cidades.

O Centro-Oeste vende gado, erva-mate, cereais e minérios e compra veículos, combustíveis, máquinas, trigo e açúcar.

Unidade 4

Transporte

A rede de transportes da região ainda é pouco desenvolvida.

As principais rodovias são: Belém-Brasília; Rodovia Transpantaneira, que passa pelos estados de Mato Grosso e Mato Grosso do Sul, atravessando o Pantanal; e Cuiabá-Santarém, que liga Mato Grosso ao interior do estado do Pará.

São poucas as ferrovias que passam pela região. A mais importante é a Estrada de Ferro Noroeste do Brasil, que liga Corumbá (em Mato Grosso do Sul) a Bauru (em São Paulo).

A navegação fluvial é realizada mais intensamente no rio Paraguai e em seus afluentes. É utilizada sobretudo para o transporte de mercadorias. O Centro-Oeste tem, no município de Corumbá, o seu principal porto fluvial.

O transporte aéreo é importantíssimo para o Centro-Oeste. Ele permite a ligação com as regiões mais distantes e isoladas. A região dispõe de aeroportos de grande movimento. O mais importante é o Aeroporto Internacional de Brasília.

Embarque de milho e soja em porto do rio Paranaíba, em São Simão (GO), 2014.

Turismo

Entre as atrações turísticas da região Centro-Oeste, destacam-se:

- Brasília, pela arquitetura de seus edifícios públicos, do Palácio da Alvorada, de suas igrejas, teatros;

- Caldas Novas (em Goiás), por suas fontes termais, que são águas medicinais mais quentes que a temperatura do ambiente onde se encontram;

- a cidade de Goiás, no estado de mesmo nome, com construções do Brasil colonial;

- Bonito e Pantanal Mato-Grossense (com 65% de seu território no estado de Mato Grosso do Sul e 35% no estado de Mato Grosso), para o qual os ambientalistas têm recomendado o turismo ecológico como forma de preservar sua flora e sua fauna.

Observe as fotos abaixo, que mostram algumas atrações turísticas dessa região:

Turistas no Parque Nacional da Chapada dos Veadeiros, em Alto Paraíso (GO), 2014.

Catedral em Brasília (DF), 2014.

Cassandra Cury/Pulsar Imagens

Raf Willems/Shutterstock/Glow Images

Atividades

1 Responda a estas questões:

a) Quais são os principais produtos agrícolas da região Centro-Oeste? E onde são cultivados?

....

....

....

b) Qual é a principal atividade econômica da região Centro-Oeste? Em que estados ela ocorre?

....

....

....

2 Você conhece a cidade de Brasília? Que tal descobrir um pouco mais sobre a capital de nosso país?

○ Faça uma pesquisa e registre, abaixo, as informações.

a) Quando a cidade foi fundada?

....

b) Quem era o presidente da República quando isso aconteceu?

....

c) Quem foram os profissionais responsáveis pela construção de Brasília?

....

....

d) O que você acha das construções que existem na cidade?

3 Observe o mapa a seguir.

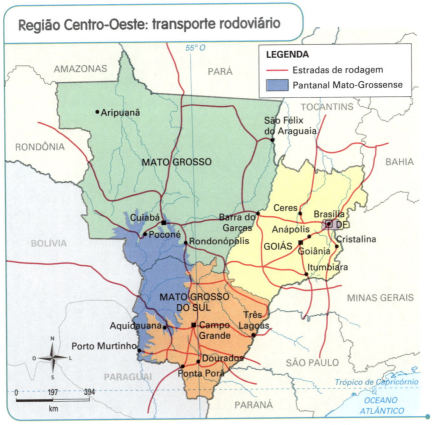

Região Centro-Oeste: transporte rodoviário

55° O

LEGENDA
Estradas de rodagem
Pantanal Mato-Grossense

AMAZONAS
PARÁ
TOCANTINS
BAHIA
RONDÔNIA
•Aripuanã
São Félix do Araguaia
MATO GROSSO
Ceres
Brasília
DF
Cuiabá
Barra do Garças
Anápolis
•Poconé
Rondonópolis
GOIÁS
Cristalina
BOLÍVIA
Goiânia
Itumbiara
MINAS GERAIS
MATO GROSSO DO SUL
Três Lagoas
Aquidauana
Campo Grande
Porto Murtinho
Dourados
SÃO PAULO
PARAGUAI
Ponta Porã
Trópico de Capricórnio
0   197   394
km
PARANÁ
OCEANO ATLÂNTICO

Adaptado de: **Atlas geográfico escolar**. 5. ed. Rio de Janeiro: IBGE, 2009. p. 90, 178-179.

○ Com base no mapa, responda às questões abaixo.

a) Que informações esse mapa contém?

....

....

b) O que representa a área azul que aparece ao sul de Mato Grosso e a oeste de Mato Grosso do Sul?

....

....

c) Por que, na sua opinião, as estradas de rodagem são tão poucas na área azul?

....

....

4 Observe o mapa e responda dentro dele e abaixo o que se pede na página seguinte.

Adaptado de: **Atlas geográfico escolar**. 5. ed. Rio de Janeiro: IBGE, 2009. p. 90.

LEGENDA
Regiões brasileiras

○ ....   ○ ....

○ ....   ○ ....

○ ....   ○ Capital do Brasil

a) Escreva o nome do oceano que banha o Brasil.

b) Localize os estados brasileiros e o Distrito Federal e escreva o nome deles.

c) Localize as capitais dos estados e escreva o nome delas.

d) Faça uma legenda no quadro, embaixo do mapa. Pinte cada região com uma cor e indique o nome de cada uma na legenda.

e) Desenhe uma estrela na frente da capital do Brasil e no quadradinho correspondente da legenda.

f) Crie um título e escreva-o no quadro no alto, no canto esquerdo do mapa.

5 Agora, complete esta ficha-resumo para rever o que você aprendeu:

Brasil

Número de unidades da federação: ....

Regiões geográficas em que está dividido: ....

....

....

....

Capital Federal: ....

População: 203 335 528* habitantes

Área: 8 514 876,6 km^2

Continente onde se localiza: ....

Países vizinhos: ....

....

....

....

Países da América do Sul com os quais não faz fronteira: ....

....

Oceano pelo qual é banhado: ....

* Fonte: IBGE (Estimativa 2014).

Construindo óculos para anáglifos

Você já assistiu a um filme "em 3D"? Então certamente você não vai se surpreender com os anáglifos. O nome é complicado, mas a ideia é bem simples: um objeto é fotografado de posições levemente distantes e essas duas imagens são fundidas possibilitando observar a profundidade do objeto.

Observe a imagem a seguir. O que ela tem de diferente?

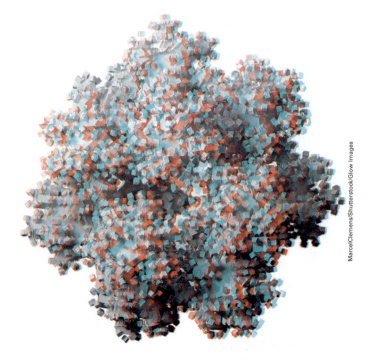

MarcelClemens/Shutterstock/Glow Images

Para conseguir ver a profundidade, precisamos de óculos especiais. Vamos construí-lo?

Material necessário

- cartolina
- tesoura
- cola
- régua
- lápis
- celofane vermelho e *cyan*

Como fazer

1. Com auxílio da régua, desenhe os óculos de acordo com o modelo da página seguinte.

2. Recorte o celofane. Cole o *cyan* no lado direito e o vermelho, no esquerdo.

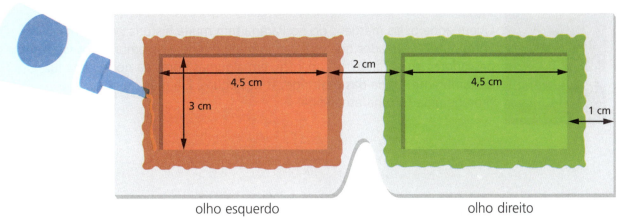

olho esquerdo   olho direito

3. Observe a imagem abaixo utilizando seus óculos.

Ponte em Matanzas (Cuba).

Unidade 1

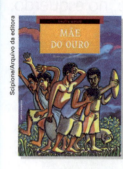

Mãe do ouro

Lucília Garcez. São Paulo: Scipione. (Do arco-da-velha).

Quem anda pelas margens do rio Paranã tem muita história para contar. Entre outras entidades que guardam a mata e o rio e assombram os viajantes, pescadores ou garimpeiros, aparece, em algumas horas da noite, uma luz deslumbrante, vinda das profundezas das águas. É a mãe do ouro, que protege uma fortuna escondida.

Arco-íris tem mapa?

Vivina de Assis Viana. São Paulo: Scipione. (Crisálida).

A partir das lembranças da autora de seus tempos de criança, o leitor tem a oportunidade de conhecer um pouco mais sobre o meio rural, enraizado em infinitas belezas e ricas simplicidades. Com este livro, é possível aprender um pouco mais sobre os temas transversais Pluralidade Cultural, Meio Ambiente e Trabalho e Consumo.

Bem do seu tamanho

Ana Maria Machado. São Paulo: Salamandra.

Às vezes, Helena quer ficar brincando, mas a chamam para ajudar em casa, porque já é bem grandinha. Depois, ela quer ficar perto dos adultos conversando, mas a mandam lá para dentro porque é muito pequena para ouvir o que estão falando. Esse é o dilema de Helena e seus amigos que, enquanto crescem, vão percebendo que não mudam apenas na aparência, mas também na sua capacidade de entender o mundo.

O jogo da parlenda

Heloisa Prieto. São Paulo: Companhia das Letras.

Parlenda é um jogo de infância que toda criança conhece e que faz parte da cultura do povo brasileiro. Neste livro divertido, Heloisa Prieto reúne algumas das mais conhecidas, como "Unidunitê", "Ninho dos mafagafos" e "Batatinha quando nasce", e adiciona às brincadeiras outros versinhos de criação própria. Para não deixar ninguém de fora, a autora ainda dá dicas de como inventar uma parlenda para, quem sabe, ouvi-la sendo cantada daqui há muitos e muitos anos.

Companhia das Letrinhas/ Arquivo da editora

Do outro lado do Atlântico

Pauline Alphen. São Paulo: Companhia das Letrinhas. (Memória e História).

Esta é uma história contada a partir da própria vida da autora. Filha de mãe brasileira e pai francês, Pauline nasceu no Rio de Janeiro, mas foi para a França ainda pequena.

Ela conta como, desde a chegada dos portugueses nas terras que hoje formam o Brasil, a França faz parte de nossa história. O pensamento de Michel de Montaigne sobre os indígenas, bem como as tentativas de fundar uma França Antártica e uma França Equatorial no território brasileiro, são exemplos de momentos em que as histórias dos dois países se confundem. A partir da memória de infância e juventude, a autora reconstrói sua trajetória pessoal, em contato com a história dos dois países.

Unidade 2

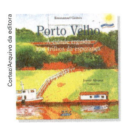

Cortez/Arquivo da editora

Porto velho: a cidade erguida nos trilhos da esperança

Emmanoel Gomes. São Paulo: Cortez. (Nossa capital: Amazonas).

Este livro conta a história de Porto Velho, cidade construída às margens do rio Madeira, ao redor da Ferrovia Madeira-Mamoré, no meio da floresta Amazônica.

Unidade 3

Cortez/Arquivo da editora

Rio de Janeiro: a cidade maravilhosa

Márcia Noêmia Guimarães. São Paulo: Cortez. (Nossa capital: Rio de Janeiro).

Este livro conta a história da cidade do Rio de Janeiro. Os indígenas Tamoio foram os primeiros habitantes dessa cidade cercada de praias, morros e de Mata Atlântica. Quando os portugueses chegaram, tiveram de brigar com os franceses que queriam ficar por lá. Hoje a cidade do Rio de Janeiro é uma das mais importantes capitais do Brasil.

Cia. das Letras/Arquivo da editora

O guia dos curiosos: Brasil

Marcelo Duarte. São Paulo: Cia. das Letras.

Um guia com muitas informações para quem é curioso e quer saber mais sobre o Brasil, desde a geografia do país até o folclore, passando pelas guerras e pela ecologia.

Sugestões para o aluno

Teiniaguá: a princesa moura encantada
Caio Riter. São Paulo: Scipione. (Do arco-da-velha).

Este conto, recolhido no Rio Grande do Sul, fala de uma princesa moura que, chegando ao Brasil, foi transformada por Anhangá-Pitã – o Diabo Vermelho – na Teiniaguá, uma lagartixa encantada. Como parte desse encantamento, todo aquele que conseguisse chegar até ela conquistaria infinitas riquezas. Porém, apenas um coração puro seria capaz de quebrar aquela terrível maldição e libertar a bela princesa.

Facécias: contos populares divertidos
Luís da Câmara Cascudo. São Paulo: Global.

Este livro apresenta uma coletânea de contos. Facécias são histórias que o povo conta, ingênuas, engraçadas, às vezes cruéis, para fazer rir e pensar.

Cada conto de **Facécias** guarda um aspecto particular da memória nacional, sempre preservando os traços característicos da linguagem dos narradores.

Oscar: arquiteto de sonhos
Neide Duarte e Mércia M. Leitão. São Paulo: Scipione.

Oscar é um menino que sonha voar. Uma noite, conhece um pássaro que deseja saber como é ser menino. Dessa amizade nascem desenhos que imitam o voo, dos quais, mais tarde, brotam edifícios. A obra apresenta, de forma poética, a inspiração criativa que Oscar Niemeyer teve para idealizar suas famosas construções. As ilustrações incluem croquis originais e fotos de algumas das obras mais conhecidas do arquiteto.

Um mundo de crianças
Ana Busch e Caio Vilela. São Paulo: Panda Books.

Este livro conta a história de crianças que vivem em lugares diferentes do mundo. Algumas moram em regiões geladas, outras, em florestas tropicais. Cada uma fala sua própria língua, come um tipo de comida e se veste de um jeito particular. Mas, seja qual for sua cultura, todas adoram brincar, aprender coisas novas e sentar para ouvir histórias.

Abdicou (p. 88):

abandonou, renunciou, desistiu.

Ambientalistas (p. 183):

pessoas que lutam pela preservação do meio ambiente.

Arroio (p. 165):

curso de água de pequena extensão.

Arroio Chuí (RS), 2010.

Colégio eleitoral (p. 132):

grupo formado pelo total de pessoas que votam. Na época dos governos militares, não eram todos os cidadãos que faziam parte do colégio eleitoral.

Demográficos (p. 169):

relativos à população.

Distrito Federal (p. 168):

em uma república federativa, ou seja, composta de estados independentes, é o território ou a cidade onde fica a sede do governo central (do governo federal) e, geralmente, a capital do país.

Entalhando (p. 201):

fazendo entalhe, isto é, esculpindo, gravando formas.

Equinocial (p. 59):

esse termo faz referência aos locais situados perto da linha do equador, pois equinócio era o antigo nome dado a essa linha.

Especiarias (p. 26):

produtos usados para condimentar alimentos ou para alguma finalidade medicinal (como remédios) ou aromática (como perfumes). As principais especiarias, usadas desde os tempos antigos, são canela, cânfora, cravo, gengibre, pimenta e noz-moscada.

Esquadra (p. 34):

agrupamento de navios.

Estado (p. 114):

quando escrita com letra maiúscula, a palavra Estado refere-se a um país com estrutura própria, politicamente organizado.

Expedições (p. 27):

grupos de pessoas que se destinam à pesquisa, ao estudo e à exploração de uma região.

Fato histórico (p. 10):

ações humanas significativas para o estudo da História.

Fazenda (p. 139):

finanças públicas; administração do dinheiro público.

Grupos linguísticos (p. 20):

grupos de sociedades que compartilham o mesmo idioma ou idiomas com uma origem em comum.

Guerra santa (p. 120):

guerra causada por motivos religiosos.

Hemisférios (p. 160):

metades de uma esfera; cada hemisfério corresponde a uma das duas metades da Terra, resultantes da divisão pela linha do equador.

Gerson Gerloff/Pulsar Imagens

Glossário

IBGE (p. 169):

Instituto Brasileiro de Geografia e Estatística, órgão responsável pelo censo e outros levantamentos estatísticos.

Imigrantes (p. 96):

pessoas que se mudam para outro país para trabalhar e viver em melhores condições.

Impostos (p. 188):

contribuição monetária devida por certas pessoas ou empresas ao governo.

Inflação (p. 138):

aumento geral de preços, o que faz com que as pessoas consigam comprar menos produtos com o seu salário.

Jesuítas (p. 48):

sacerdotes integrantes da Companhia de Jesus, uma organização religiosa católica.

Juta (p. 178):

planta cultivada para a obtenção de fibras têxteis.

Sérgio Castro/Agência Estado

fibra de juta

Latitude (p. 160):

a distância em graus do equador a um determinado ponto da superfície da Terra.

Lavras (p. 70):

terrenos de mineração.

Léguas (p. 31):

antiga unidade de medida equivalente a 6 600 metros.

Livre-comércio (p. 188):

situação em que não existem obstáculos ou limitações ao comércio internacional.

Madeiras de lei (p. 187):

madeiras resistentes ao tempo, usadas na construção, em móveis e para fazer instrumentos musicais.

Mandato (p. 112):

período de exercício de um cargo eleitoral.

Oleaginosas (p. 187):

que contêm óleo.

Oriente (p. 26):

no texto, refere-se às regiões da Ásia e do norte da África.

Refinarias (p. 275):

conjuntos de estabelecimentos industriais onde se efetua a transformação do petróleo em outros produtos, como gasolina, óleo *diesel* e gás.

Remanescentes (p. 55):

aquilo que sobrou, que restou.

Sarau (p. 226):

reunião em que são recitados poemas.

Serpenteiam (p. 201):

correm de forma ondulada, fazendo curvas.

Soldos (p. 71):

quantias pagas pelo governo aos militares.

Sulcam (p. 201):

deixam sulcos, ou seja, fazem marcas, formam depressões no terreno.

Usinas hidrelétricas (p. 199):

locais que geram energia elétrica por meio de turbinas acionadas por corrente de água.

ALENCAR, E. M. S. S. (Org.). *Novas contribuições da psicologia aos processos de ensino e aprendizagem*. 4. ed. São Paulo: Cortez, 2001.

ALMANAQUE Abril. São Paulo: Abril, 2008.

ALMEIDA, R. D. de (Org.). *Cartografia escolar*. São Paulo: Contexto, 2007.

ALMEIDA, T. T. de O. *Jogos e brincadeiras no Ensino Infantil e Fundamental*. São Paulo: Cortez, 2005.

ARRIBAS, T. L. *Educação Infantil:* desenvolvimento, currículo e organização escolar. 5. ed. Tradução de Fátima Murad. Porto Alegre: Artmed, 2004.

BASACCHI, M. *Origem das datas comemorativas*. São Paulo: Paulinas, 2000.

BITTENCOURT, C. (Org.). *O saber histórico na sala de aula*. São Paulo: Contexto, 2001.

BRAGA, M. et. al. *Breve história da ciência moderna:* das máquinas do mundo ao universo-máquina. Rio de Janeiro: Jorge Zahar, 2004.

BRASIL. Ministério da Educação e do Desporto. *Ensino Fundamental de nove anos:* orientações para a inclusão da criança de seis anos de idade. Brasília: MEC/SEB/FNDE, 2006.

_____. Ministério da Educação e do Desporto. *Pró-letramento:* Programa de formação continuada de professores das séries iniciais do Ensino Fundamental. Brasília: MEC/SEB/FNDE, 2006.

_____. Ministério da Educação e do Desporto. Secretaria da Educação Fundamental. *Parâmetros Curriculares Nacionais:* História e Geografia. Brasília: MEC/SEF, 1997.

_____. Ministério da Educação e do Desporto. Secretaria de Educação Fundamental. *Parâmetros Curriculares Nacionais:* temas transversais: Apresentação, Ética, Pluralidade Cultural, Orientação Sexual. Brasília: MEC/SEF, 1997.

_____. Ministério da Educação e do Desporto. Secretaria de Educação Fundamental. *Referencial Curricular Nacional para Educação Infantil*. Brasília, 1998.

BRITO, T. A. de. *Música na Educação Infantil:* proposta para formação integral da criança. São Paulo: Peirópolis, 2003.

BUENO, E. *A viagem do descobrimento:* a verdadeira história da expedição de Cabral. Rio de Janeiro: Objetiva, 1998.

BUSQUETS, M. D. et al. *Temas transversais em educação:* bases para uma formação integral. São Paulo: Ática, 2000.

CALDEIRA, J. et al. *Viagem pela História do Brasil*. São Paulo: Companhia das Letras, 1997.

CAPRA, F. et al. *Alfabetização ecológica:* a educação das crianças para um mundo sustentável. Tradução de Carmen Fischer. São Paulo: Cultrix, 2006.

CASCUDO, L. da C. *Made in Africa.* São Paulo: Global, 2002.

CASTRO, S. *A carta de Pero Vaz de Caminha*. Porto Alegre: L&PM, 1996.

COLL, C.; TEBEROSKY, A. *Aprendendo História e Geografia*. São Paulo: Ática, 2000.

CÓRIA-SABINE, M. A.; LUCENA, R. F. *Jogos e brincadeiras na Educação Infantil*. São Paulo: Papirus, 2004. (Papirus Educação).

COSTA, M. de F.; DIENER, P. *A América de Rugendas:* obras e documentos. São Paulo: Estação Liberdade/Kosmos, 1999.

CUBERES, M. T. G. *Educação Infantil e séries iniciais:* articulação para a alfabetização. Tradução de Cláudia Schilling. Porto Alegre: Artmed, 1997.

CUNHA, N. H. S. *Criar para brincar:* a sucata como recurso pedagógico. São Paulo: Aquariana, 2005.

DEVRIES, R.; ZAN, B.; HILDEBRANDT, C.; EDMIASTON e SALES, C. E. *O currículo construtivista na Educação Infantil:* práticas e atividades.Tradução de Vinicius Figueira. Porto Alegre: Artmed, 2004.

DOW, K.; DOWNING, T. E. *O atlas da mudança climática:* o mapeamento completo do maior desafio do planeta. Tradução de Vera Caputo. São Paulo: Publifolha, 2007.

DUARTE, M. *O guia dos curiosos:* invenções. São Paulo: Panda Books, 2007.

ENCICLOPÉDIA Barsa. São Paulo: Barsa Planeta Internacional Ltda., 2007.

ENCICLOPÉDIA Britânica. *O mundo da criança*. São Paulo/Rio de Janeiro: Encyclopaedia Britannica Publicações, 1995. v. 4, 11, 13 e 16.

ENCICLOPÉDIA do espaço e do Universo. São Paulo: Globo Multimídia, 2000. (Descobrir).

ENCICLOPÉDIA Geográfica e Enciclopédia da Ciência. *História do mundo*. São Paulo: Globo Multimídia, 2005. v. 2 (Descobrir).

Bibliografia

ESTEBAN, M. T. *O que sabe quem erra? Reflexões sobre avaliação e fracasso escolar*. 4. ed. Rio de Janeiro: DP&A, 2006.

FAZENDA, I. C. A. *Dicionário em construção:* interdisciplinaridade. São Paulo: Cortez, 2001.

FILIZOLA, R.; KOZEL, S. *Didática de Geografia. Memória da Terra: o espaço vivido*. São Paulo: FTD, 1996.

GADOTTI, M. *Pedagogia da Terra*. São Paulo: Peirópolis, 2000.

GÂNDAVO, P. de M. *A primeira História do Brasil:* História da Província de Santa Cruz que vulgarmente chamamos Brasil. Rio de Janeiro: Jorge Zahar, 2004.

GARDNER, H. *Mentes que mudam:* a arte e a ciência de mudar as nossas ideias e as dos outros. Tradução de Maria Adriana Veronese. Porto Alegre: Artmed, 2005.

GOULART, I. B. *Piaget:* experiências básicas para utilização pelo professor. Petrópolis: Vozes, 2003.

GUZZO, V. *A formação do sujeito autônomo:* uma proposta da escola cidadã. Caxias do Sul: Educs, 2004. (Educare).

HARRIS, R.; NOLTE, D. L. *As crianças aprendem o que vivenciam*. Tradução de Maria Luiza Newlands Silveira. Rio de Janeiro: Sextante, 2003.

HORTA, C. F. de M. M. *O grande livro do folclore*. Belo Horizonte: Leitura, 2004.

IBGE. *Atlas geográfico escolar*. 4. ed. Ministério do Planejamento, Orçamento e Gestão. Rio de Janeiro, 2007.

KARNAL, L. *História na sala de aula:* conceitos, práticas e propostas. 5. ed. São Paulo: Contexto, 2007.

KOHL, M. F. *Iniciação à arte para crianças pequenas*. Tradução de Roberto Cataldo Costa. Porto Alegre: Artmed, 2005.

KRAEMER, L. *Quando brincar é aprender*. São Paulo: Loyola, 2007.

LUCKESI, C. C. *Avaliação da aprendizagem escolar:* estudos e proposições. 18. ed. São Paulo: Cortez, 2006.

MARZANO, R. J.; PICKERING, D. J.; POLLOCK, J. E. *O ensino que funciona:* estratégias baseadas em evidências para melhorar o desempenho dos alunos. Tradução de Magda Lopes. Porto Alegre: Artmed, 2008.

MAURO, H. *O descobrimento do Brasil*. Rio de Janeiro: Ministério da Cultura/Funarte/Centro Técnico Audiovisual, 1937. (Vídeo).

MEIRELLES FILHO, J. C. *O livro de ouro da Amazônia:* mitos e verdades sobre a região mais cobiçada do planeta. Rio de Janeiro: Ediouro, 2004.

MISSÃO Terra: o resgate do planeta. Agenda 21, feita por crianças e jovens. 3. ed. São Paulo: Melhoramentos, 1997.

MORIN, E. *A cabeça benfeita:* repensar, reformar o pensamento. Rio de Janeiro: Bertrand Brasil, 2001.

_____. *A religação dos saberes:* o desafio do século XXI: jornadas temáticas. Tradução Flávia Nascimento. Rio de Janeiro: Bertrand Brasil, 2002.

PANIAGUA, G.; PALACIOS, J. *Educação Infantil:* resposta educativa à diversidade. Tradução de Fátima Murad. Porto Alegre: Artmed, 2007.

PENTEADO, H. D. *Metodologia do ensino de História e Geografia*. São Paulo: Cortez, 1994.

PERRENOUD, P. et al. *A escola de A a Z:* 26 maneiras de repensar a educação. Porto Alegre: Artmed, 2005.

PETTER, M.; FIORIN, J. L. (Org.). *África no Brasil:* a formação da língua portuguesa. São Paulo: Contexto, 2008.

RUGENDAS, J. M. *Viagem pitoresca através do Brasil*. Belo Horizonte: Itatiaia, 1998.

SCHILLER, P.; ROSSANO, J. *Ensinar e aprender brincando: mais de 750 atividades para Educação Infantil*. Tradução de Ronaldo Cataldo Costa. Porto Alegre: Artmed, 2008.

SCHMIDT, M. A.; CAINELLI, M. *Ensinar História*. São Paulo: Scipione, 2004.

SILVA, A. da C. E. *Um rio chamado Atlântico. A África no Brasil e o Brasil na África*. Rio de Janeiro: Nova Fronteira/Ed. da UFRJ, 2003.

SILVA, J. F. da; HOFFMANN, J.; ESTEBAN, M. T. (Org). *Práticas avaliativas e aprendizagens significativas:* em diferentes áreas do currículo. Porto Alegre: Mediação, 2003.

SPÓSITO, E. S. *A vida nas cidades*. São Paulo: Contexto, 2001.

TUFANO, D. (Comentários e notas). *A carta de Pero Vaz de Caminha*. São Paulo: Moderna, 1999.

VERÍSSIMO, F. S. et. al. *Vida urbana:* a evolução do cotidiano da cidade brasileira. Rio de Janeiro: Ediouro, 2001.

Material de apoio

5º ANO

Caderno de criatividade e alegria

Goritza/Shutterstock/Glow Images

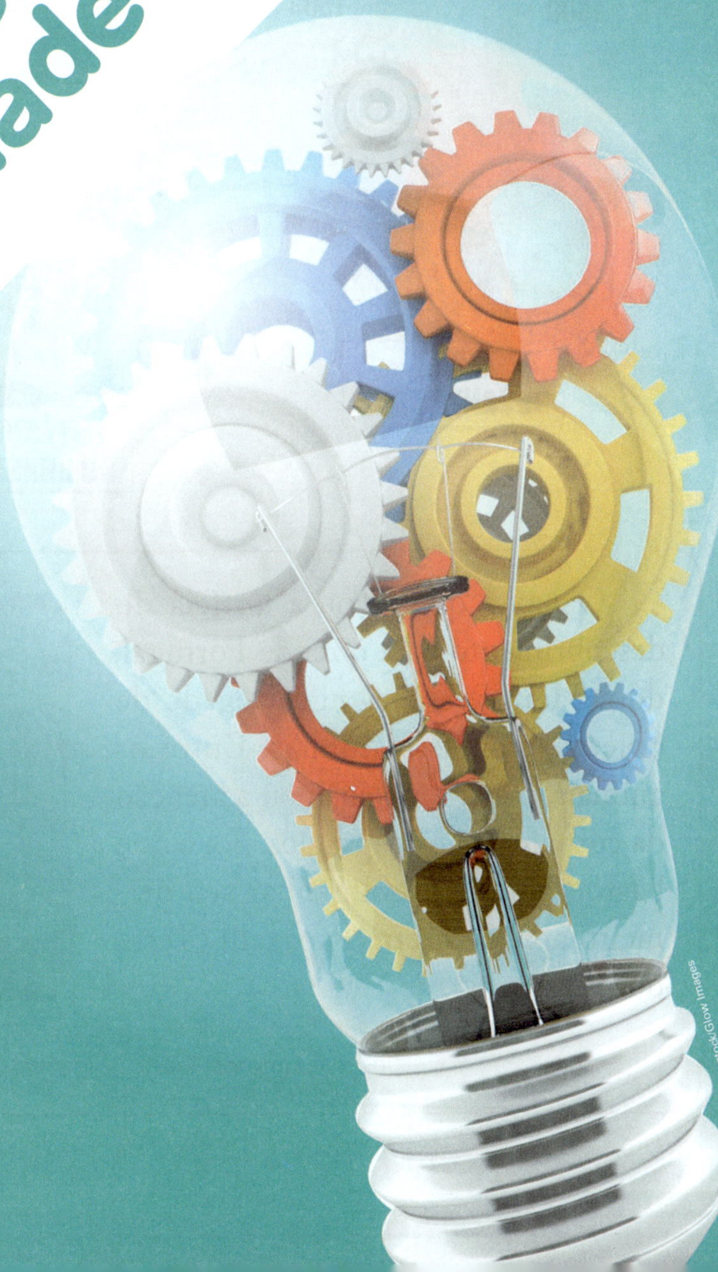

editora scipione

Os muitos nomes do Brasil

Você já aprendeu alguns nomes conhecidos da terra do pau-brasil. Veja:

ILHA DE
VERA CRUZ

BRASIL

ESTADOS UNIDOS
DO BRASIL

1500   1501   1503   1891   1969

1824

TERRA
DE SANTA CRUZ

IMPÉRIO
DO BRASIL

REPÚBLICA
FEDERATIVA
DO BRASIL

O navio que levou a notícia do descobrimento para o rei de Portugal, dom Manuel I, chegou carregado de objetos, plantas e animais. Entre os animais, o que mais chamou a atenção da corte foram os papagaios. Foi o que bastou para o Brasil ganhar seu primeiro apelido: Terra Papagalli (Terra dos Papagaios).

Ilustrações: Ilustra Cartoon/Arquivo da editora

Guia dos curiosos: Brasil, de Marcelo Duarte. São Paulo: Cia. das Letras, 2001. p. 12.

Atividades

1 Observando as modificações por que passaram os nomes do nosso país, você consegue encontrar a razão para algumas dessas mudanças?

....

....

....

2 Quais são os motivos para o Brasil já ter sido chamado de "ilha" ou "império"?

....

....

....

3 Pesquise a origem do nome "Brasil". Converse com os colegas sobre as descobertas da pesquisa e escreva algumas delas aqui.

....

....

....

4 Escreva um pequeno texto sobre a chegada dos portugueses ao Brasil seguindo o roteiro:

> Terra à vista * Desembarque * Encontro com os nativos * Riquezas

....

....

....

....

5 Escolha um dos temas acima e faça um desenho em seu caderno.

Na pista certa: o trabalho dos arqueólogos

Arqueólogos trabalham em partes do Cais de Imperatriz – construção do século XIX destinada a receber a então imperatriz Teresa Cristina, esposa de dom Pedro II. A descoberta foi feita durante uma escavação na rua Barão de Tefé, no Rio de Janeiro (RJ), 2011.

Você sabe o que é um sítio arqueológico? É um lugar onde arqueólogos e outros pesquisadores colhem materiais para seus estudos.

Os arqueólogos estudam a vida de povos muito antigos. Eles não deixaram documentos escritos, fotos ou fitas gravadas que possam nos dar pistas de como eram, como viviam, como se vestiam, se alimentavam e se divertiam.

Os arqueólogos analisam cuidadosamente as pistas ou os vestígios encontrados, como pintura em rochas, objetos e ossos, procurando reconstruir sua história (e, com ela, a história daqueles povos).

No Brasil, os arqueólogos já fizeram várias descobertas importantes, que mostram que aqui viveram povos mais de 10 mil anos antes da chegada dos portugueses. Esses vestígios encontram-se no Piauí, na Bahia, em Santa Catarina e em outros estados.

Pintura rupestre em Serranópolis (GO), 2010.

Atividades

1 Observe a imagem da pintura rupestre da página ao lado e descreva o que você vê.

....

....

....

2 Passaram-se mil anos, estamos em 3016. Observando a sua vida hoje, que vestígios você deixaria para que as pessoas entendessem a sua história? Desenhe no espaço abaixo.

3 Procure, em sua casa, com seus pais, vestígios do passado da sua família e descreva-os abaixo.

....

....

....

....

o Agora, com base nas pesquisas com sua família, descreva um fato marcante do seu passado.

Onde nasceu a escrita?

Olhe este mapa, que mostra uma área que fica entre dois rios: o Tigre e o Eufrates.

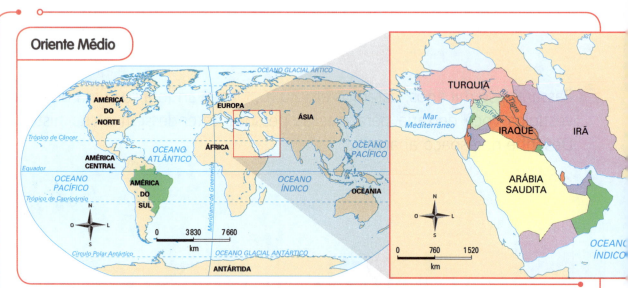

Adaptado de: **Geoatlas**, de Maria Elena Simielli. São Paulo: Ática, 2010. p. 18.

Essa região tinha o nome de Mesopotâmia, onde hoje é o Iraque. Foi nesse lugar que surgiu o primeiro tipo de escrita, há aproximadamente 6 000 anos.

Naquela época, os mesopotâmios utilizavam cerca de 1 500 pictogramas, que são desenhos ou pinturas rupestres datadas da Antiguidade. Passados mais ou menos 1 000 anos, esses pictogramas primitivos começaram a ser substituídos por sinais em forma de cunha, dando origem a um tipo de escrita que ficou conhecido como **cuneiforme**.

Um mesmo sinal podia ter significados diferentes, dependendo da situação ou do modo como estavam agrupados. O sinal "pé", por exemplo, podia significar "caminhar", "ficar de pé" ou até "transportar".

Essa escrita era tão difícil que naquele tempo pouquíssimas pessoas sabiam ler e escrever. Até a maioria dos reis não sabia ler. […]

Os escribas da Mesopotâmia chegaram a fazer uma espécie de dicionário para mostrar o significado de cada sinal isolado.

Graças ao comércio, a escrita cuneiforme atravessou fronteiras, tendo sido usada e adaptada em outras regiões.

Escrita: das paredes ao computador, de Maria Cristina F. Giovanni e Zilda A. Junqueira. São Paulo: Ática, 1998.

Atividades

1 Procure no dicionário o significado das palavras do texto que você não conhece e copie-os em seu caderno.

2 Você consegue imaginar um mundo sem escrita? Escreva uma mensagem aos seus colegas utilizando "pictogramas". Mostre seu trabalho para a classe. Seus colegas conseguiram decifrar sua mensagem?

3 Dividam-se em dois grupos de alunos para brincar de mímica. Um aluno se comunica com os colegas por gestos e movimentos e o outro grupo deve adivinhar o que ele quer dizer. O professor marcará na lousa a pontuação dos grupos: quem primeiro chegar a dez acertos ganha a brincadeira.

Pintores viajantes

Durante o século XIX, várias expedições europeias visitaram o atual território brasileiro. Com elas, vieram pintores para descrever a terra e um pouco dos hábitos e costumes de sua gente. Conheça aqui dois desses artistas!

Jean-Baptiste Debret

Pintor e desenhista francês, Debret nasceu em Paris, em 1768, e morreu na mesma cidade, em 1848.

Ele esteve no Brasil entre 1816 e 1831 retratando paisagens e pessoas em seus desenhos, aquarelas e telas. Seu trabalho possibilita que tenhamos hoje uma ideia de como era o dia a dia de nobres, ricos, pobres e escravos no Brasil daquela época.

34 x 49 cm. Coleção Particular.

Lavadeiras à beira do rio, litografia colorida à mão, de Jean-Baptiste Debret, século XIX.

34 x 49 cm. Coleção Particular.

Barbeiros ambulantes, litografia colorida à mão, de Jean-Baptiste Debret, século XIX.

34 x 49 cm. Coleção Particular.

Um funcionário a passeio com sua família, litografia colorida à mão, de Jean-Baptiste Debret, século XIX.

● Johann Moritz Rugendas

Pintor e desenhista alemão, Rugendas nasceu em Augsburgo, em 1802, e morreu em Weilheim, em 1858.

Ele chegou ao Brasil em 1821, com a expedição do barão Langsdorff, para viajar pelo país e desenhar e pintar aspectos da paisagem e dos costumes dos habitantes.

51,3 x 35,5 cm. Coleção Particular.

Família de agricultores, litografia colorida à mão, de Johann Moritz Rugendas, século XIX.

Colônia europeia próximo a Ilhéus, litografia colorida à mão, de Johann Moritz Rugendas, século XIX.

51,3 x 35,5 cm. Coleção Particular.

51,3 x 35,5 cm. Coleção Particular.

Rua Direita no Rio de Janeiro, litografia colorida à mão, de Johann Moritz Rugendas, século XIX.

Atividades

1 Em uma conversa com os colegas e o professor, compare os aspectos da paisagem e da vida brasileira mostrados nas telas de Debret e Rugendas com as paisagens e a vida hoje em dia. Depois, escreva as conclusões às quais vocês chegaram.

....

....

....

....

....

....

....

2 Agora, dê uma de artista e represente em uma folha à parte, por meio de desenho ou pintura, o que você escreveu.

O assunto é bandeira!

Bandeira do clube, do time de futebol, da escola, da sua cidade, do seu estado, do seu país.

Você já pensou o que representa uma bandeira?

A bandeira é a carteira de identidade de um país. Ou de um território, de um grupo de nações, de um time de futebol, de um partido político, de uma seita religiosa. É por isso que aquele simples pedaço de pano tremulando no alto de um mastro mexe tanto com nossos sentimentos. Somos nós que estamos ali. Quando um atleta, um piloto ou um time vence uma competição e sobe ao pódio com a bandeira de nosso país, todos nós subimos com ele (sem o risco de arrebentar o pódio de tanta gente em cima!).

Cada bandeira tem um significado especial. Algumas foram criadas por causa de um acontecimento em que se fez necessária a mobilização das pessoas, e viraram bandeiras nacionais. As cores, as formas e os brasões representam muito para um povo.

Almanaque das bandeiras, de Marcelo Duarte. São Paulo: Moderna, 2001.

Mercosul/Divulgação

O Mercosul é um grupo ✳ comercial de países da América do Sul. Cada estrela da bandeira representa um de seus países fundadores: Argentina, Brasil, Paraguai e Uruguai.

Cruz Vermelha/Divulgação

✳ A Cruz Vermelha é uma associação médica internacional que fornece auxílio médico gratuito. Seu desenho é a inversão das cores da bandeira da Suíça, país onde vivia o seu fundador.

A bandeira brasileira tem 27 estrelas, que representam os 26 estados e o Distrito Federal, onde está localizada a capital do Brasil, Brasília.

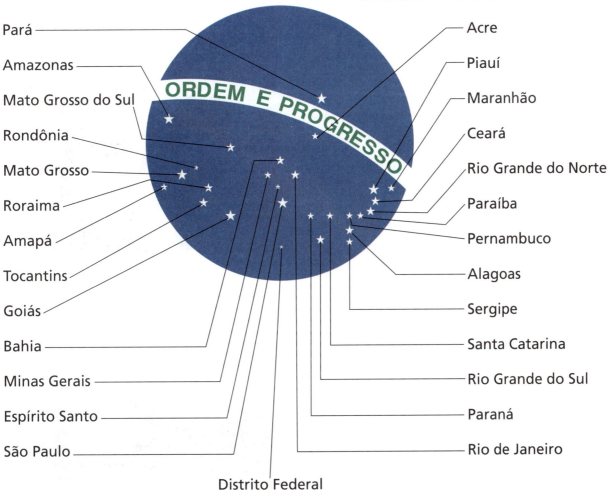

Pará

Amazonas

Mato Grosso do Sul

Rondônia

Mato Grosso

Roraima

Amapá

Tocantins

Goiás

Bahia

Minas Gerais

Espírito Santo

São Paulo

Distrito Federal

Acre

Piauí

Maranhão

Ceará

Rio Grande do Norte

Paraíba

Pernambuco

Alagoas

Sergipe

Santa Catarina

Rio Grande do Sul

Paraná

Rio de Janeiro

Adaptado de: A bandeira do Brasil, do *site* do Instituto Brasileiro de Geografia e Estatística (IBGE). Disponível em: <http://teen.ibge.gov.br>. Acesso em: 16 maio 2011.

Atividade

- Crie, com seus colegas, uma bandeira para representar a sua classe. Lembre-se de que a bandeira deverá apresentar algum elemento que simbolize a sua classe, e sua forma e cores deverão ter algum significado.

Qual a idade de Cabral e de Pero Vaz de Caminha quando vieram ao Brasil?

O capitão Pedro Álvares Cabral tinha 32 anos na época da chegada às terras que formariam o Brasil e seu escrivão, Pero Vaz de Caminha, responsável por escrever a famosa carta que conta em detalhes como era a nova terra, tinha 50 anos e já era avô. Eles encararam uma longa viagem de 44 dias entre Lisboa, em Portugal, e o Brasil, no ano de 1500.

Revista **Recreio**. São Paulo: Abril, ano 11, n. 570, 10 fev. 2011. p. 5. (Texto adaptado).

Por que o Pão de Açúcar tem esse nome?

O morro na cidade do Rio de Janeiro ganhou esse nome dos portugueses, ainda no século XVI, logo depois de sua chegada ao Brasil. O nome é o mesmo de um tipo de forma usada para levar barras de açúcar feitas no Brasil para Portugal e que tinha o formato parecido com o do morro. O formato do morro é tão curioso que os navegantes o identificavam a distância ao se dirigirem ao porto do Rio de Janeiro.

Ilustrações: Ilustra Cartoon/Arquivo da editora

Revista **Recreio**. São Paulo: Abril, ano 11, n. 554, 21 out. 2010. p. 5. (Texto adaptado).

Algum estado brasileiro é maior que um país?

Há vários estados brasileiros maiores que muitos países. O Amazonas, por exemplo, é maior do que a Inglaterra, a França e a Itália juntas! O estado de Sergipe, embora seja o menor do Brasil, é maior do que Luxemburgo, que é um país da Europa. O Brasil tem um território muito grande e é chamado, inclusive, de país continental, porque seu tamanho é comparável ao de um continente.

Revista **Recreio**. São Paulo: Abril, ano 11, n. 553, 14 out. 2010. p. 5.

Atividade

- E você? Também tem alguma pergunta curiosa sobre o Brasil que poderia fazer parte desta seção? Ou sabe alguma curiosidade que tenha lido, ouvido alguém contar, ou aprendido em alguma viagem?

Complete a seção pesquisando o que você tem dúvida ou anotando o que sabe e mostre aos colegas. Ouça as curiosidades deles também.

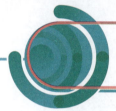

O que é o Censo?

O Censo Demográfico é uma pesquisa realizada pelo Instituto Brasileiro de Geografia e Estatística (IBGE) a cada dez anos. Por meio dele, reunimos informações sobre toda a população brasileira.

Nosso primeiro Censo aconteceu em 1872 e recebeu o nome de Recenseamento da População do Império do Brasil. O mais recente foi o Censo 2010. [...] Antes dele, o IBGE realizou o Censo 2000.

No Censo, os pesquisadores do IBGE visitam todos os domicílios do país para aplicar um questionário. Depois de percorrer todos os cantos do Brasil, indo de casa em casa, os pesquisadores organizam e analisam as informações coletadas nos questionários. Em seguida, divulgam os resultados em uma série de publicações sobre os temas estudados.

Os resultados do Censo Demográfico são importantes para a sociedade ter informações atualizadas sobre a população e para o governo planejar suas ações de forma mais adequada.

Disponível em: <http://7a12.ibge.gov.br>. Acesso em: 13 maio 2011.

Depois que os entrevistadores passam em todas as casas brasileiras, as informações coletadas são registradas e analisadas.

Com base nesses dados, podemos conhecer como é a população do nosso país: quantas crianças existem no Brasil, como é a distribuição populacional nos diferentes estados, em que estados há mais pessoas com computador em casa, quantas pessoas com deficiência existem, se há muitas crianças e jovens fora da escola...

Atividades

1 Quem de sua casa respondeu ao questionário do Censo 2010? Você viu o pesquisador do IBGE quando ele visitou sua casa?

....

....

....

....

2 Pesquise na internet que tipo de informação o IBGE recolhe nos censos. Veja quais foram os resultados da pesquisa de seus colegas. Vocês sabiam que havia tantos dados disponíveis sobre os brasileiros?

3 Vamos brincar de pesquisador? Complete o quadro abaixo com dados de três pessoas conhecidas.

Nome	Idade	Ocupação	Nº de pessoas com quem reside	Sexo	
				Masculino	Feminino

○ Agora, em grupo com os colegas, junte os dados coletados em um único quadro. Em seguida, respondam:

a) Quantos moradores vivem sozinhos? Eles são maioria?

b) Quantos são do sexo masculino?

c) Qual é a profissão que mais apareceu?

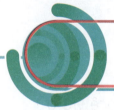

A maior invenção da humanidade

Nem a roda nem o computador. A maior invenção da humanidade foi a cidade, que tornou possível todas as outras [invenções], inclusive a roda e o computador.

As primeiras aldeias começaram a surgir no mundo há cerca de 10 mil anos, quando nossos antepassados trocaram a caça e a coleta de frutos pela agricultura. Assim, com o novo método de produção, uma pequena parte da população conseguia alimentar toda a sociedade. As outras pessoas, liberadas da luta pela sobrevivência na coleta e na caça, puderam, então, se concentrar em aldeias e cidades e se dedicar às invenções e ao desenvolvimento tecnológico.

No Brasil, no entanto, as cidades são bem mais recentes. As primeiras não surgiram naturalmente. Foram criadas pelos portugueses à imagem e semelhança de suas cidades pátrias.

Livro conta a história da criação das cidades brasileiras, de Evanildo da Silveira. **O Estado de S.Paulo**, 12 jan. 2002. Disponível em: <http://cultura.estadao.com.br/noticias/geral,livro-conta-a-historia-da-criacao-das-cidades-brasileiras,20020112p2187>. Acesso em: 3 fev. 2015. (Texto adaptado).

Ilustra Cartoon/Arquivo da editora

Atividades

1 Na sua opinião, qual foi a maior invenção da humanidade? Desenhe ou cole uma figura no espaço abaixo.

2 Muitas invenções estão ainda em processo de construção. Pesquise algumas delas e escolha uma para apresentar aos colegas. Escreva a seguir por que a escolheu.

....

....

....

....

....

....

A divisão regional do Brasil

Este jogo contém: um mapa da divisão regional do Brasil e 27 fichas com o nome dos estados brasileiros e do Distrito Federal.

Número de participantes: 3.

Instruções:

- Recorte as fichas e coloque-as numa caixa ou num saquinho.

- Um participante deve sortear uma ficha, localizar no mapa o estado sorteado ou o Distrito Federal, indicar a qual região do Brasil pertence esse estado e dizer o nome de sua capital. Depois passa a vez ao próximo.

- Aquele que acertar mais será o vencedor.

Brasil: divisão regional

LEGENDA
- Região Norte
- Região Nordeste
- Região Sudeste
- Região Centro-Oeste
- Região Sul

Atlas geográfico escolar. 5. ed. Rio de Janeiro: IBGE, 2009. p. 94.

Acre

Alagoas

Amapá

Amazonas

Bahia

Ceará

Espírito Santo

Goiás

Maranhão

Mato Grosso

Mato Grosso do Sul

Minas Gerais

Pará

Paraíba

Paraná

Pernambuco

Piauí

Rio de Janeiro

Rio Grande do Norte

Rio Grande do Sul

Rondônia

Roraima

Santa Catarina

São Paulo

Sergipe

Tocantins

Distrito Federal

O nome dos alimentos e as regiões do Brasil

O Brasil é tão grande e tem culturas tão diversas que às vezes uma mesma coisa tem nomes diferentes em cada parte do país. Quer ver?

● Mandioca, macaxeira, aipim

Muito consumida pelos indígenas, é até hoje bastante usada em todo o país. Nas regiões Norte e Nordeste, ela geralmente é chamada de macaxeira. No estado de São Paulo, mandioca. Já no Sul, costuma-se dizer aipim.

O beiju, receita tradicional indígena, é uma massa feita com goma de mandioca.

Vaca atolada é o nome de um prato muito comum em Minas Gerais. Trata-se de carne bovina cozida com mandioca e bem temperada.

● Tangerina, bergamota, mexerica, poncã

Trata-se de uma fruta semelhante à laranja, porém mais doce e com gomos bem separados. Na região Sul, costuma-se chamá-la de bergamota. Em Mato Grosso e Mato Grosso do Sul, diz-se poncã. Já no Sudeste, usa-se a palavra mexerica. Tangerina é o nome "oficial" da fruta, mas, pelo visto, não é muito usado...

Atividades

1 Que nome é usado na sua região para fazer referência a esses dois alimentos?

2 Você conhece outros exemplos de coisas que recebem nomes diferentes nos estados ou nas regiões? Quais?

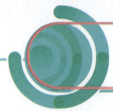

O Brasil tem muitas capitais

Às vezes, uma cidade se destaca tanto em uma atividade econômica ou cultural que acaba recebendo o título de capital.

Holambra (SP)
Capital das flores.

Caruaru (PE)
Capital do forró.

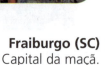

Fraiburgo (SC)
Capital da maçã.

Atividades

1 Você conhece alguma cidade que seja chamada de capital, mesmo sem ser capital de um estado? Do que ela é chamada?

....

2 Se a sua cidade fosse capital de algo, seria capital de quê? Explique sua escolha.

....

....

3 Converse com os mais velhos e descubra outros nomes de cidades como essas. Compartilhe com seus colegas.

Representação da Terra

Como representar em uma folha de papel a superfície de nosso planeta, que é esférico? Há diversas possibilidades de realizar essa tarefa, são as chamadas **projeções**. Veja um exemplo abaixo.

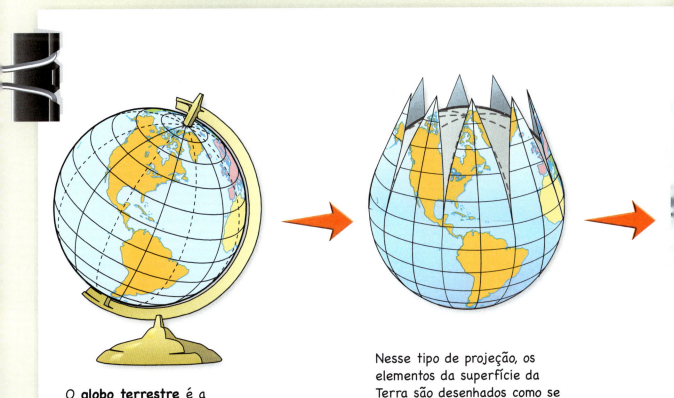

O **globo terrestre** é a representação cartográfica que mais se aproxima do formato da Terra.

Nesse tipo de projeção, os elementos da superfície da Terra são desenhados como se tivéssemos "descamado" a crosta da Terra usando os meridianos como guia.

ANO GLACIAL ÁRTICO

EUROPA

ÁSIA

ÁFRICA

OCEANO
PACÍFICO

OCEANO
ÍNDICO

OCEANIA

N
O   L
S

0   890   1 780
km

NTÁRTICO

ÁRTIDA

te: IBGE. **Atlas geográfico escolar**. 5. ed. Rio de Janeiro, 2009. p. 34.

Representação da Terra

Planisfério

OCE

Círculo Polar Ártico

A M É R I C A

Trópico de Câncer

Equador

OCEANO PACÍFICO

OCEANO ATLÂNTICO

Meridiano de Greenwich

Trópico de Capricórnio

Círculo Polar Antártico

OCEANO GLACIAL A

ANT

Fo

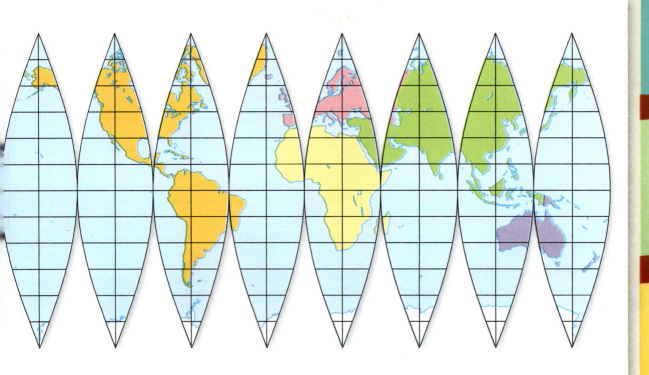

Este é um **planisfério**: toda a superfície terrestre está representada. Observe que as linhas dos meridianos foram deformadas – elas estão representadas com diferentes extensões, mas na realidade têm sempre o mesmo tamanho.

Material de apoio
de apoio

Caderno de
produção de texto

5º ANO

Aluno: _____

Escola: _____

editora scipione

Sumário

Ilustra Cartoon/Arquivo da editora

Unidade 1

Conto de memória

Rascunho

Texto final

Conto de memória

NOME: .... DATA: ....

Unidade 2

Debate

NOME: .... DATA: ....

Qual é a opinião do seu grupo?

....

....

....

....

....

....

....

....

....

....

....

....

....

....

....

....

Lista de argumentos

Unidade 3 — Fábula

Rascunho

....
....
....
....
....
....
....
....
....
....
....
....
....
....
....
....
....
....

Texto final

Fábula

NOME: .... DATA: ....

Rascunho

Minha lista

Lista do grupo

Texto final

Unidade 4

Dicas para salvar o planeta

NOME: .... DATA: ....

Ilustra Cartoon/Arquivo de editora

....
....
....
....
....
....
....
....
....
....
....
....
....
....

Ilustra Cartoon/Arquivo da editora